조선남녀 상열지사

조선남녀상열지사

손종흠 지음

앨피 book

윤리와 신분도 그것을 막지 못하였으니

이 책은 얼핏 입에 올리기조차 부끄러운 '간통姦通'을 소재로 삼
고 있다. 간통이란 결혼하여 배우자가 있는 사람이 배우자가 아
닌 이성과 성적 관계를 맺는 것을 가리키는 말로서, 결혼제도가
생긴 이래로 현재에 이르기까지 어느 시대에나 있었고 앞으로
도 있을 인간지사人間之事 중 하나이다.

조선시대 국가의 공식 기록인『조선왕조실록朝鮮王朝實錄』에는
간통 사건 기사가 수를 헤아리기 어려울 정도로 많다. 이 기사
들은 수십 명의 사관이 엄정한 기준에 따라 뽑은 것이므로 정치
적으로나 사회적으로 의미가 있는 것들이다.

간통은 어느 시대나 있을 수 있는 사건이고, 또 그 성격상 흥
미 위주의 떠도는 소문이 결합하여 그 진위를 알기 어려운 경우
가 많다. 그렇기 때문에『실록』에 수록된 이야기들 역시 그저 심
심파적으로 파한破閑이나 할 정도의 것이라고 생각하기 쉽지만

결코 그렇지 않다.

　국가의 공식 기록으로서 사사로운 감정에 치우치지 않는 객관성을 바탕으로 하는 『실록』은 공정성뿐 아니라 신뢰도 면에서도 높은 평가를 내릴 수 있는 자료임이 틀림없다. 이처럼 정통성을 지닌 『실록』에 간통 사건이 수백 건 넘게 등장하는 것은 매우 흥미로운 일이다.

　게다가 『실록』에 수록될 내용을 선별하고 기록한 사람들이 바로 당시 정치와 학문을 담당했던 양반 사대부라는 점에서 볼 때, 자신들의 치부에 해당하는 내용들을 기록으로 남겼다는 것은 대단한 일이 아닐 수 없다. 어떻게 이런 일이 가능했을까?

『실록』에 조선 사회를 움직인 양반 사대부들의 부끄러운 단면인 간통 사건들이 버젓이 실린 것은, 조선왕조의 독특한 인사人事 시스템 덕분에 가능했다.

　조선시대 인재 발굴 시스템의 기본은, 양반 신분에 들기만 하면 누구라도 응시할 수 있는 과거제도였다. 시험을 통해 국가의 관리를 등용하는 과거제도는 전국에 산재해 있는 인재를 발굴하는 효과적인 장치였다. 이러한 과거제도를 더욱 튼튼하게 뒷받침한 것이 엄격한 인사 검증 시스템이었다. 과거를 통해 관리로 등용된 인재들은 능력을 인정받아 높은 관직으로 승차할 때마다 엄격한 검증을 거쳐야 했다.

왕족과 조정의 관리를 사정司正·감찰監察하는 일은 주로 사헌부에서 담당했는데, 이들은 임금이 왕족을 편애하여 높은 벼슬을 주거나 부정한 자의 관직을 올려 줄 때마다 그들이 저질렀던 비리를 낱낱이 조사하여 상소와 경연經筵의 형식을 빌어서 강력하게 의견을 개진하였다. 사회적으로 문제가 많다고 판단되는 인물이 높은 자리에 임명되면 절대 물러나지 않고 끝까지 문제 삼았고 어떤 형태로든 처벌을 받도록 만들었다. 때로는 한 사람의 간통 사건과 비리를 가지고 사헌부 관원과 임금이 몇 달씩 논쟁을 벌이기도 했다. 조선시대 인사 검증이 얼마나 철저했는지 알 수 있는 대목이다.

이 과정에서 가장 많이 드러나는 것이 권력의 자리에 있으면서 백성을 상대로 저지른 비위 사건과 젊고 아름다운 기생이나 다른 사람의 부인과 부적절한 관계를 맺는 간통 사건이었다. 비위 사건은 문제가 된 당시에 이미 해결된 것들이 많아 큰 문제가 되지 않는 경우가 많았지만, 간통은 훗날 발각되어 출세에 막대한 지장을 주는 경우가 허다했다.

아름다운 명기名妓를 탐내어 사사로이 첩으로 삼거나 몰래 정을 통하는 스캔들이 심심치 않게 있었지만, 관직에 머물러 있으면서 정치적으로 출세하고자 하는 한 언젠가는 그것이 발목을 잡을 것이기 때문에, 조정에 나아가 큰일을 하고자 하는 사람은 특히 몸을 삼가지 않으면 안 되었다. 더구나 기생이나 궁녀는 나라의 재산으로서 잘못 건드렸다가는 큰 화를 자초할 수 있었다.

간관諫官들에 의해 적나라하게 드러난 스캔들은 기록으로 남겨져 『실록』에까지 수록되었으므로, 양반 사대부로 살면서 평생 부끄러운 흔적을 남기지 않는다는 것은 쉽지 않은 일이었다.

유학을 정치 이념으로 삼고 동방의 군자국君子國으로 자처하던 조선왕조는 철저한 신분 사회였다. 지배계급에 속하는 양반 신분은 극소수였는데, 이들이 지닌 사회적·정치적 특권은 실로 대단했다. 양반들은 엄청난 토지와 수많은 노비를 소유하고,

공부와 정치 외에는 어떠한 일도 하지 않는 철저한 유한계급이었다.

조선은 전체 인구의 5퍼센트도 되지 않는 이들이 모든 특권을 오로지하는 명실상부한 양반 사대부의 나라였다. 양반 사대부에게 주어진 특권이 이처럼 대단했기 때문에 이 특권을 지키기 위한 그들의 노력은 상상을 초월했다. 양반 사대부들은 자신들의 특권을 보장해 주는 여러 제도적 장치를 마련했으니, 자식의 신분은 어머니를 따르도록 한 종모법從母法도 그중 하나였다.

양반 사대부의 숫자를 묶어 두려는 의도에서 생겨난 종모법은 유사 이래 최대 악법이라고 할 만하다. 조선시대에는 능력이 아무리 뛰어나더라도 사족의 신분이 아닌 사람이 신분을 뛰어넘어 양반 사대부로 진입하는 일은 불가능했고, 덕분에 양반들은 자신들의 특권을 고스란히 지킬 수 있었다.

견고한 신분제를 바탕으로 조선은 겉으로는 매우 안정된 모습을 보여 주었다. 그러나 아무리 엄격한 도덕의 잣대와 철저한 신분제를 통해서도 막을 수 없는 것이 있었으니, 바로 인간이라면 누구나 지니고 있는 이성에 대한 갈망이었다. 『실록』에 실린 수많은 간통 사건들은, 이성에 대한 성적 욕망이 얼마나 강렬하며 맹목적인지를 잘 보여 준다.

이 책에 실린 간통 사건은 크게 네 가지 유형으로 나뉜다. 첫째, 사대부 남성들이 기생첩을 사이에 두고 벌인 쟁탈전. 둘째, 아버지나 장인의 여자와 간통하거나 첩으로 삼는 패륜. 셋째, 왕실이나 사대부가의 여성들이 신분이 낮은 노비나 승려들과 정을 통하는 경우. 넷째, 도덕군자로 추앙을 받으며 정치적으로도 성공한 이들을 둘러싼 추문 등이다.

조선시대에는 궁중이나 지방 관청에 소속된 관기를 둘러싸고 사대부들이 쟁탈전을 벌이는 경우가 종종 있었다. 관기들은 국가에서 주도하는 각종 행사에서 노래와 춤을 담당하였는데, 자색이 빼어난 여성들이 많았다. 그래서 맘에 드는 여성을 차지하겠다고 양반 체면도 벗어던진 채 백주 대로에서 주먹다짐을 하기도 하고, 왕족이라는 신분을 이용하여 양반 사대부를 청부 살인하기도 하며, 권력을 이용하여 낮은 지위에 있는 양반의 첩을 빼앗기도 하는 등의 웃지 못할 해프닝들이 속출했다.

아버지나 장인의 기생첩과 몰래 정을 통하여 문제를 일으키는 경우 삼강오륜三綱五倫을 해치는 강상죄綱常罪로 다스려 매우 엄한 처벌을 받게 됨에도 불구하고 꼬리에 꼬리를 물고 이런 사건이 발생하였으며, 패륜적인 성적 욕망 때문에 목숨을 잃는 일까지 종종 일어났다.

남녀의 부적절한 성적 관계는 양반 사대부에 속하는 남성들 사이에서만 일어나는 것은 아니었다. 왕실이나 사대부 가문의 여성들 또한 예외가 아니었는데, 이들의 간통 행각은 대담하고 당당하게 이루어졌다는 점이 특이하다.

또 정치적으로나 사회적으로 성공하여 많은 이들에게 존경받는 재상의 자리에 올랐던 이들 중에 가정을 제대로 다스리지 못하여 추문에 휩싸이는 경우도 많았다. 조선의 명재상으로 꼽히는 황희 정승의 간통 사건이 대표적이다.

이 책이 나오기까지 여러 사람의 도움을 받았다. 자료의 수집과 정리에서부터 교정에 이르기까지 세심하게 도움을 준 박경희 님과, 함께 책을 만든 앨피 출판사에 감사의 말씀을 드린다.

2008년 8월
죽계서실에서 손종흠 쓰다

차례

패륜 悖倫

쟁탈
爭奪

백주에 벌어진 양반들의 몽둥이 싸움
이순몽과 황상의 기생첩 쟁탈 사건

이순몽은 천성이 미친 사람처럼 혹독하고 또 재능과 행실이 없었음에도 다만 공신功臣의 맏아들이라 하여 벼슬이 2품에 이르렀으나, 일찍이 근신함이 없었고 여색을 탐하여 근무하는 날은 마음대로 근무지를 떠나 평복으로 갈아입고 사람들의 눈을 피하여 도보로 가서 황상의 첩을 도둑질하여 간통하다가 드디어 머리를 깎이고 옷을 벗기게 되는 등 그 몸을 욕되게 하였으니 그 마음과 행실을 논하면 시정의 잡배보다 심하오며, 더군다나 충의를 맹세하여 친분이 형제와도 같은 사이에 감히 짐승의 마음을 품고 차마 할 수 없는 행동을 하였으니 하지 못할 일이 무엇이 있겠습니까.

- 『세종실록』, 세종 10년 10월 20일

세종 10년 사헌부에서 도총관都摠管(5위도총부五衛都摠府에서 군무軍務를 총괄한 최고 군직) 이순몽李順蒙(1386~1449)과 병조판서 황상黃象을 탄핵하며 올린 상소이다. 도총관이란 자가 친구의 애첩과 간통하다 들통이 나 머리를 깎이고 옷을 빼앗기는 등 욕을 당했다니 망신도 이런 망신이 없다. 또한 두 사람은 형제와도 같은 절친한 사이라 했으니 '짐승의 맘을 품은 짓'이라는 비난을 받을 만했다. 조정에서는 당연히 두 사람의 처벌을 놓고 논의가 이루어졌는데, 그 와중에 엉뚱하게도 상소를 올린 사헌부 관헌 다섯 명(조계생趙啓生, 안숭선安崇善, 송포宋褒, 조서강趙瑞康, 김경金俓)이 유배를 가는 등 문책을 당했다. '시정時政의 득실을 논하고, 풍속을 교정하며, 관리의 공과功過 고찰, 포거襃擧·탄핵'하는 본연의 임무에 충실했던 사헌부 관리들이 무슨 이유로 문책을 당한 것일까?

조선남녀상열지사

닮은 꼴 두 무인武人   이순몽과 황상은 조선 전기 태종과 세종 때 활동한 무인으로 연배도 비슷하고 벼슬도 비슷했다. 둘은 세종 1년(1419) 이종무李從茂가 이끈 대마도 정벌▪에서 우박禹博·박초朴礎 등과 함께 각각 우군절제사와 중군절제사로 참여한 후 인연을 맺었다.

고려 우왕 12년(1386)에 태어난 이순몽은, 조선 초기 왕자의 난을 평정하는 데 큰 공을 세워 공신이 된 이응李膺의 아들로,

태종 5년(1405) 음직蔭職(부父나 조부祖父가 관직 생활을 했거나 국가에 공훈을 세웠을 경우 그 자손을 과거를 통하지 않고 특별히 서용하는 제도.)으로 벼슬에 나간 후 다시 무과에 급제했다. 이순몽은 처세에 능하여 세종 29년(1447) 나라에 전염병이 많이 돌 때 세종의 아들 영응대군永膺大君 이염李琰을 집으로 모셔 피병避病시키기도 했다. 이순몽은 세종이 각별히 총애하는 아들 영응대군을 양아들 삼아 극진히 모셨고, 영응대군이 궁으로 돌아간 후에도 생일이면 금은과 진귀한 보물을 셀 수 없이 바치며 아부했다. 세종 또한 이순몽을 후하게 대접하여 세종 29년에 벼슬을 무관으로는 최고의 자리인 판중추원사判中樞院事에까지 올리고, 왕실 주방에서 만든 진기한 음식을 끊임없이 하사했다. 이순몽은 비단과 면으로 만든 옷감 등을 내시나 궁인들에게 뇌물로 주어 자기편으로 만들고 굳게 결탁했다.

이순몽은 이처럼 공신의 자식으로 임금의 총애를 한 몸에 받다 보니 기고만장하여 무서워하는 사람이 없었다고 한다. 심지

■ 대마도 정벌은 13세기부터 16세기까지 세 차례에 걸쳐 이루어졌다. 1차 대마도 정벌은 고려시대 창왕 1년(1389), 2차 대마도 정벌은 조선 태조 5년(1396)에 이루어졌으며, 가장 유명한 3차 대마도 정벌은 세종 1년(1419)에 있었다. 이종무가 이끈 3차 대마도 정벌을 조선에서는 '기해동정己亥東征'이라고 하며, 일본에서는 '오에이노가이코応永の外寇'라고 한다. 당시 상왕이었던 태종의 주도로 장천군 이종무를 삼군도체찰사로 명하고, 우박 · 이숙묘 · 황상을 중군절제사, 유습 · 박초 · 박실을 좌군절제사, 이지실 · 김을화 · 이순몽을 우군절제사로 삼았다. 경상도 · 전라도 · 충청도의 3도에 있는 병선 227척과 병사 1만7000명을 거느리고 음력 4월에 출병했다.

21
쟁
탈
爭
奪

어 자기 첩이 난 자식이 잘못을 했다 하여 차서 죽인 일까지 있
었다. 행동이 방자하고 거리낌이 없으며 상식을 벗어난 짓을 많
이 하여 많은 사람들에게 지탄을 받았다.

황상은 조선의 개국공신인 황희석黃希錫의 아들로 태어나 태
종 5년(1405) 무과회시武科會試에 급제하여 벼슬길에 나갔다. 행
실이 이순몽과 크게 다르지 않아 태종 1년(1401)에는 나라에서
내린 금주령을 어기고 술을 마시다 영흥부로 유배되었고, 태종
7년(1407)에는 나라에서 금하는 축첩蓄妾 문제로 파직되었다가
개국공신의 후예라 하여 곧 사면되기도 했다.

이처럼 이순몽과 황상은 공신의 자식이라는 점과 재물과 여
색을 밝힌다는 점 등 여러 방면에서 통하는 바가 있었는지라 약
간의 나이 차를 극복하고 형제처럼 지내게 되었으니, 친구 간의
우애가 남들이 부러워할 정도였다.

두 연놈의 머리를 박박   돈독했던 우애에 금이 가게 되는 기
밀어   생첩 쟁탈 사건은, 황상이 모친상을
당하여 3년상을 치를 때 일어났다. 문제의 기생첩은 궁중 연회
에 나가는 기예 기생인 월화봉月下逢으로, 세종 9년 3월 당시 병
조판서 자리에 있던 황상이 점찍어 두었다가 자기 첩실로 들여
앉혔다. 궁중 연회에 참석하는 기생들은 기예와 자색이 뛰어난
1급 기생으로, 신분은 천민이지만 나라에 속한 재산이므로 함부

로 취하는 것은 엄연한 불법이었다.

황상은 병조판서 자리에 오르고 이듬해인 세종 10년(1428) 겨울이 거의 끝나갈 무렵인 2월 모친상을 당했다. 병조판서로서 당연히 어머니의 3년상을 치러야 했으므로, 어머니 분묘 옆에 여막을 짓고 시묘살이를 했다. 그러나 그렇다고 방탕한 성격이 어디 갈까. 삼베옷을 입은 상주 처지에도 비가 와서 쓸쓸한 날이면 기생을 불러다가 여막에서 간통을 하고, 성에 차지 않으면 창녀의 집에까지 가서 간음하기를 밥 먹듯 하였다.

그렇게 무더운 여름도 지나가고 선선한 바람이 불어오는 가을 어느 날, 황상의 집안 노복奴僕(남자종)이 와서 전하기를 평소 형제처럼 지내던 이순몽이 9월 28일 월화봉의 집에 몰래 가서 아주 오랫동안 나오지 않았다고 하였다. 황상은 평소 절친한 사이인지라 집안 내력과 사정을 손바닥 보듯 알고 있는 이순몽이 설마 그런 짓을 했을까 싶었지만, 혹시나 하는 마음에 여막을 잠시 비워 두고 월화봉의 집으로 향했다. 그런데 월화봉의 집에 당도해 보니 과연 노복의 말대로 이순몽과 월화봉이 서로 껴안고 있는 것이 아닌가.

황상은 순간 치밀어 오르는 배신감과 화를 참을 수 없었다. 하지만 이순몽은 무예가 뛰어난 무관인 데다 황상보다 나이도 어렸다. 황상은 혼자서는 감당하기 어렵다고 판단하고 집으로 돌아가 노복 10여 명을 불러 모아 월화봉의 집으로 쳐들어갔다. 대문을 박차고 중문을 거쳐 안방까지 들어간 황상의 눈앞에는

쟁탈爭奪

차마 눈뜨고 보기 아까운 광경이 펼쳐져 있었다. 옷가지가 방 구석구석 널려 있고 벌거숭이가 된 두 남녀가 질펀한 정사를 벌이고 있었던 것이다. 애첩이 다른 남자와 안고 뒹구는 것을 본 황상은 제정신이 아니었다.

황상은 양반의 체면도 벗어던지고 두 사람을 벌거벗은 채로 묶으라고 한 다음, 잘 드는 칼을 가져오라고 벽력같이 소리를 질렀다. 부엌으로 들어간 노복이 시퍼렇게 날이 선 칼을 가져와 황상에게 바쳤다. 황상은 두 연놈을 그 자리에서 요절내고 싶었지만 차마 그렇게는 하지 못하고, 종들에게 두 사람을 꼼짝 못하게 잡도록 한 다음 이순몽의 상투를 벗겨 내고 머리를 박박 밀어 버렸다. 월화봉도 쪽진 비녀를 빼 버리고 머리를 완전히 밀어 여승처럼 만들었다. 그런 다음 손수 몽둥이를 들고 두 사람을 죽지 않을 만큼 패 주었다.

이순몽과 월화봉이 제발 한 번만 용서해 달라고 손이 발이 되게 빌었지만 눈이 뒤집힌 황상의 귀에 그런 말이 들어올 리 만무했다.

머리를 깎이고 흠씬 두들겨 맞은 이순몽은 몸을 가누지 못해 하인들에게 업혀 자기 집 앞에 버려졌다. 집에 돌아와 겨우 정신을 차린 이순몽은 자신의 몰골을 보고 망연자실했다. 옷이 엉망이 된 것은 말할 것도 없고, 머리털이 없어 갓과 관모를 쓸 수 없는 지경이었다.

이순몽은 도총관으로서 이틀 후인 10월 초하루 임금께서 종

신윤복의 〈유곽쟁웅遊廓爭雄〉. 기방 앞에서 양반들이 난투극을 벌인 후의 상황을 묘사한 그림이
다. 웃통을 풀어헤치고 갓이 떨어져 나간 것으로 보아 한바탕 큰 싸움이 벌어진 모양이다. 황상과
이순몽의 주먹다짐도 이와 비슷한 양상이었을 것이다.

묘에 거동하실 때 어가御駕를 호위해야 하는데 이 꼴이 되었으니, 몸이 아픈 것은 차치하고라도 어가 호위에 나설 일이 걱정되어 앓아눕기는커녕 잠도 잘 수 없었다. 그러나 아무리 궁리해도 해결책이 없는지라 임금의 어가가 나가는 날 하루 종일 방에 틀어박혀 나오지 않다가, 다음 날 사람을 시켜 조정에 보고하기를 "그저께 아내의 친가에 갔다가 오지 못하고 초하룻날 날이 저문 뒤에야 집에 들어와서 호종하지 못했습니다."라고 했다.

도총관이 어가 호위를 하지 못한 것은 보통 큰일이 아니었다. 병조에서 당장 이를 문제 삼아 조사한 다음, 임금을 호종扈從하지 못한 것과 황상과의 기생첩 쟁탈 사건을 합쳐 임금께 탄핵하는 상소를 올렸다. 평소 이순몽을 아꼈던 세종이지만 너무나 증거가 명백한 일인지라 사헌부로 하여금 국문鞫問하게 하였다.

일이 이쯤 되고 보니 보잘것없는 기생을 사이에 두고 벌인 쟁탈전이 상당히 큰 사건이 되었다. 진상이 낱낱이 밝혀지자 세종도 무조건 이순몽을 싸고돌 수만은 없었다.

의금부에서 세 사람에게 내릴 벌을 정하여 장계를 올렸다. 황상은 율律이 장杖 100대, 이순몽은 장 80대, 월하봉은 90대에 해당한다고 하였다. 세종은 의금부의 의견을 바탕으로 세 사람의 형을 정하였다.

"황상은 장 100대에 처하고 직첩을 거둘 것이며 순몽은 사대문 바깥에 나가서 살도록 하고, 월하봉은 90대의 장형을 집행한 후에 원래 있던 홍주洪州로 돌려보내서 다시 관비官婢로 삼게 하라."

사헌부로 튄 불똥   이순몽과 황상의 기생 쟁탈전은 이
렇게 일단락되는 듯했다. 하지만 이
순몽을 선처하여 형벌을 가하지 않은 세종의 결정을 사헌부 관
헌들은 받아들일 수 없었다. 불만을 품은 사헌부 관헌들은 이순
몽과 황상의 과거 행적까지 들먹이며 두 사람 모두 더 엄하게
벌해야 한다고 주장하고 나섰다.

　"황상은 젊어서부터 아첨하느라고 듣기 좋게 꾸미는 말과 보
기 좋게 꾸미는 낯빛[巧言令色]으로 사람들에게 좋게 보여 왔고,
교만하고 음탕한 행동을 방자히 행하여 탕아라는 별명을 얻었
을 정도입니다. 그 전에는 김우金宇와 더불어 기생첩을 서로 다
투어서 더러운 소문이 서울 장안에 자자하게 들려서 생각 있는
사람이라면 누구나 수치스럽게 여겼사온데, 그 후에도 반성하지
않고 외람되게도 다시 관직을 받아 높은 자리에 올라가 사람들
을 놀라게 하였습니다. …… 이제 다만 황상을 장형에 처하고,
순몽을 외방으로 내쫓는 것으로 그친다면 밝으신 조정의 악한
자를 징계하고 풍속을 가다듬는 의의가 아닌 것으로 생각되옵
니다. 바라옵건대 명을 내리셔서 황상을 밖으로 내쫓고, 순몽의
직첩을 거두어서 이로써 황음荒淫한 무리를 징계하고 강상綱常
(삼강三綱과 오상五常. 곧 사람이 지켜야 할 도리)을 바로잡도록 하소서."

　이순몽과 황상을 더욱 엄히 처벌해야 한다는 의견이었다. 그
런데 이 사헌부의 상소는 전혀 엉뚱한 방향으로 불똥이 튀었다.
황상의 과거 행적을 언급하며 "그 전에 김우와 더불어 기생첩을

서로 다투어서 더러운 소문이 서울 장안에 자자하게 들려서……"라고 한 것이 문제였다.

사헌부의 상소를 본 세종은 화를 내며 "이들이 올린 상소에는 불경한 것이 있다"며 대사헌大司憲 조계생趙啓生과 집의執義 안숭선安崇善, 장령掌令 송포宋褒·조서강趙瑞康, 지평持平 김경金俓 등을 의금부에 가두도록 명했다.

'기생첩에 대한 더러운 소문'이 대체 무엇이기에 세종이 이처럼 화를 내며 사헌부 관헌들을 벌한 것일까? 사건은 태종 7년으로 거슬러 올라간다.

기생첩에 얽힌 더러운 소문   태종 7년(1407) 오위도총부五衛都摠府의 대호군大護軍 벼슬을 하고 있던 황상은, 그때에도 궁중 연회에서 가무를 담당하는 기생인 상기上妓 가희아可喜兒를 첩으로 삼아 자기 집에 살게 했다. 성이 홍洪씨인 가희아는 보천甫川의 기생이었는데, 지방에서 중앙으로 뽑아 올리는 상기에 포함되어 서울로 올라왔으니 자색이 출중하고 기예도 뛰어났음은 미루어 짐작할 만하다.

궁중 연회 때 가무를 담당하는 기생을 첩으로 삼는 것은 국법으로 금지된 일임에도 황상은 집 안에 따로 별채를 지어 가희아에게 주고 가끔 들러 사랑을 나누곤 했다. 그해 11월 12일 밤 가희아가 궁중 연회를 마치고 서둘러 황상의 집으로 돌아가는

데, 평소 그녀의 미모에 반해 남몰래 간통했던 오위도총부 총제
摠制 김우가 부하들을 보내 자기 집으로 데려오도록 했다. 하지
만 그날따라 가희아가 다른 길을 택해 돌아가는 바람에 놓치고
말았다.

　김우는 다음 날 아침 부하인 갑사甲士 가운데 말 탄 기병대와
보병대 등 30여 명을 황상의 집으로 보내 집 전체를 포위한 다
음 나원경羅原몌과 고효성高孝誠 등을 시켜 황상의 내실까지 뒤
졌다. 그러나 가희아는 이미 외출하고 없어 잡아 오지 못했다.
김우는 포기하지 않고 다음 날에도 황상이 외출한 틈을 타 집으
로 사람을 보내 가희아를 가마에 태워 데려오도록 했다. 김우의
무리가 가희아를 데리고 수진방壽進坊(지금의 종로구 수송동) 마을
입구에 이르렀을 때였다. 가희아가 잡혀갔다는 소식을 들은 황
상이 말을 타고 몽둥이를 손에 들고 뒤쫓아 왔다.

　김우는 즉시 주번갑사(낮에 근무하는 당번) 중에서 양춘무楊春茂,
고효성, 박동수朴東秀 등 10여 명과 집에 있는 사람 20여 명을
징발해 와 황상과 몽둥이 싸움을 벌였다. 싸움이 꽤 격렬하여
양춘무 등이 치는 바람에 황상의 은주머니가 땅바닥에 떨어지
기도 했다. 백주대로에 양반들이 패싸움을 벌였으니 구경꾼이
구름처럼 모여들어 장관을 이루었다. 이 일은 당연히 조정에 보
고되었다.

　이 일로 황상은 파직되고 김우의 부하들은 모두 수군으로 편
입되었으며, 가희아는 곤장 80대의 벌을 받고 김우는 공신인 관

계로 벌을 면했다. 사헌부 관원들이 문제 삼은 더러운 소문이란 바로 이 사건을 가리킨다. 백주 대로에서 기생첩을 사이에 두고 양반들이 몽둥이 싸움을 벌였으니 '더러운 소문'이란 표현이 과해 보이지는 않는다. 그럼에도 세종이 이를 문제 삼은 것은 김우와 황상이 다투었던 기생첩 가희아 때문이었다.

태종도 반한 창기 가희아　　김우와 황상의 몽둥이 싸움이 일어나고 5년 후인 태종 12년(1408) 10월, 창기唱妓 6인을 선발하여 태종의 딸인 명빈공주가 거처하는 명빈전明嬪殿 시녀로 충당하였는데 여기에 가희아도 포함되어 있었다. 명빈전 시녀로 발탁된 가희아는 춤과 노래 솜씨가 출중해 태종의 눈에 띄었다. 그 2년 뒤 태종 14년(1410) 1월 태종이 가희아를 후궁으로(혜선옹주惠善翁主 홍씨)로 삼았으니, 그 총애가 얼마나 지극했는지 짐작할 수 있다.

비록 지난 일이긴 하지만 태종의 총애를 받아 후궁이 되어 옹주의 반열에 오른 가희아의 일을 거론하며 "더러운 소문이 서울 장안에 가득했다"고 했으니 세종에게는 상왕上王인 태종에 대한 불경이 아닐 수 없었다. 세종은 좌의정 황희黃喜·우의정 맹사성孟思誠·예조판서 신상申商 등을 불러 물었다.

"지금 사헌부에서 황상과 이순몽의 죄를 다스리기를 청한 것은 그럴듯하다. 그러나 그 상소 내용에 죄를 용서받기 전의 일

을 언급하였고, 또한 태종 때의 일도 감히 거론하였다. 가희아
가 궁중으로 들어와 선왕인 태종을 모신 것이 인연이 되어 옹주
를 삼았는데, 만약 선왕이 생존해 계신다면 어찌 이런 소리를
감히 아울러서 발설할 수 있을 것인가. 내 감히 차마 들을 수
없노라. 사헌부의 말은 황상의 일 때문에 발언한 것이나 안숭선
이 처음에 황상의 범한 일들을 발언해 놓고도 또 말하기를 '황
상과 김우가 기생첩을 다툰 사건이 바로 임금을 간범干犯한 것
이니 어떻게 처리해야 되겠는가?' 하니, 조계생이 말하기를 '비
록 임금을 간범하였다 하더라도 홍씨를 배척해서 말하지 않았
으니 무슨 관계가 있겠는가.'라고 하여 이렇게 불경을 저지르게
되었다. 이 일을 어떻게 처리하여야 되겠는가?"

황희와 맹사성 등은 가볍게 처리하려면 파직하고 무겁게 하
려면 지방으로 보내야 한다고 했고, 신상은 불경한 죄가 크니
죄를 무겁게 주어야 한다고 간언했다. 세종은 두 의견을 절충하
여 판결을 내렸다.

조계생은 직산으로 보내고, 조서강은 강음으로 보내며, 안숭
선·송포·김경은 파직했다. 결국 황상과 이순몽의 기생첩 쟁
탈 사건이 엉뚱하게 사헌부로 불똥이 튀어 여러 사람이 파면을
당하고 지방으로 내려가게 되었다.

미친 듯이 패악을 일삼다　　그렇다면 파렴치한 행동으로 대중 앞에서 욕을 보는 창피를 당한 이순몽과 황상은 어떻게 되었을까? 나쁜 버릇은 쉽게 고쳐지지 않는가 보다. 이순몽의 패악질은 이후로도 계속되었고 사람들은 이 모든 것이 임금의 총애가 지나친 탓이라고 수군거렸으니 세종으로서는 참으로 곤혹스런 일이었다. 순몽의 횡포는 날이 갈수록 심해졌다. 노비에게 행패를 부리다가 형조에 고소를 당하자 형부의 당상관을 욕하고 꾸짖어 사헌부의 탄핵을 받기도 하고, 마음에 들지 않는 관원을 두들겨 패는 행동도 서슴지 않았다. 그때마다 세종은 이순몽에게 죄를 주지 않고 불러다 타일렀다.

"경의 나이가 이미 늙었으니 가히 일을 요량해서 할 때인데, 어찌하여 미친 듯이 패악한 짓을 일삼는가. 지금부터 마땅히 더 근신하여서 망령된 짓을 하지 말라."

세종이 이처럼 다독이며 오히려 벼슬을 올려 무관 벼슬로는 가장 높은 관찰사나 병마절도사를 겸할 수 있는 판중추원사判中樞院事까지 시켰으니 이순몽이 세종의 말을 제대로 들을 리가 없었다.

이순몽은 나이가 들면서 노탐이 더욱 심해져 수만금을 모아 권문세가와 정계의 주요 직책에 있는 사람에게 뇌물을 써서, 자신의 문객門客들이 지방 수령으로 많이 내려갈 수 있도록 했다. 이순몽의 보살핌 덕에 지방 수령이 된 사람들은 당연히 뇌물을 진상했다. 이순몽은 심지어 지방으로 부임해 간 이들에게 사람을 보내 벼슬을 주선해 준 대가를 받아 내기도 했으니, 돈을 빌려 준 상인이 이자를 받는 것과 같았다.

이순몽은 죽을 때까지도 나쁜 버릇을 고치지 못했다. 생을 마감하기 2년 전인 62세에도 손가락질 받을 파렴치한 일을 또 저질렀다.

세종 29년(1447) 8월 겨우 진사시험에 합격하고 젊은 나이에 세상을 떠난 이회李檜라는 사람이 있었는데, 그의 아내 권씨가 자색이 있어서 당시 사람들이 모두 아름답다고 칭찬이 자자했다. 마침 그 2년 전 부인이 세상을 떠나 적적하던 차에 이 소문을 들은 이순몽은 권씨에게 다시 장가를 들겠다고 중매를 넣었다.

이회의 어머니는 젊어서 청상과부가 된 며느리가 불쌍해 친정으로 보내지 않고 아이들과 함께 데리고 살다가 이런 일을 당하니 너무 놀라 어찌할 바를 몰랐다. 게다가 사돈인 권씨의 친정어머니까지 딸이 싫다고 하는데도 억지로 이순몽에게 시집을 보내겠다고 나서는 것이 아닌가. 권씨의 친정어머니는 집이 가난하여 순몽에게 많은 곡식을 빌려다 먹고 갚지 못한 터라, 딸을 주고 빚 독촉에서 벗어나려 했던 것이다. 처음에는 차차 벌어서 갚겠다며 버텨 볼 생각이었으나, 순몽이 집으로 찾아와 위협하며 "당신도 과부이니 만약 딸을 시집보내지 않으면 내가 임금께 말씀드려 허락을 받아 당신에게 장가들겠다"고 하니 어쩔 수 없이 딸을 보내기로 마음먹었다.

경기도 양평에 있는 이순몽의 묘. 경기도 기념문화제 92호. 이순몽은 살아생전 온 갖 패악을 일삼아 수차례 탄핵을 받았지만, 세종의 총애 덕분에 평생 호의호식하 며 살았다.

이런 사정을 전해 들은 권씨가 아프다는 핑계를 대고 친정으로 가려 하자 낌새를 알아차린 아이들이 울고불고하는 통에 이웃집에서 모두 알게 되었다. 그 모습을 본 사람들이 모두 눈물을 흘렸다고 한다. 친정으로 돌아온 권씨는 며칠 있다가 이순몽에게 시집을 갔다.

결혼식을 올리고 며칠이 지난 뒤 이순몽은 사람들에게 축복을 받겠다며 큰 잔치를 베풀었다. 많은 이들이 모인 자리에서 이순몽이 맛있는 음식을 들고 나와 권씨에게 말하기를 "만일 나를 사랑한다면 이 음식을 먹으라"고 하니 권씨가 즉시 받아먹는지라 자리에 앉아 있던 사대부들이 모두 소매로 얼굴을 가렸다고 한다.

이순몽은 공신의 자식으로 온갖 혜택을 누리며 못된 짓을 골라 했지만, 세종의 총애 덕분에 평생 어려움 없이 호의호식하며 잘 지냈다. 하지만 자식복은 없어서 정실부인에게서는 아들을 얻지 못하고 기생첩에게 낳은 석장石杖이란 아들만 하나 있었는데, 이 아들이 훗날 아버지 이순몽의 애첩과 간통하는 불륜을 저질렀으니 참으로 그 아버지에 그 아들이었다.

간음죄의 전례가 된 황상   황상의 말년은 이순몽보다 비참했다. 황상은 이순몽과의 기생첩 쟁탈 사건 이후 두 번 다시 관직에 나가지 못했으며, 급기야 경기 지역 바깥으로 추방당하여 생을 마감했으니 참으로 허망한 인생이었다.

황상이 이순몽과 달리 재기하지 못하고 생을 마감한 것은, 상중에 저지른 간음으로 인하여 더 무거운 벌을 받았기 때문이다. 기생첩 쟁탈 사건보다는 부모 상중에 저지른 간음죄가 더 컸던 것이다. 기록에 의하면 세종 10년(1428)에 황상을 20번 고신栲訊(법률상 고문)한 끝에 '모친을 장사하기 전에 월하봉을 불러 빈소에서 다섯 번 동숙同宿하였다'는 자백을 받아 냈고, 여러 사람의 진술도 또한 그러하여 이 일로 인하여 충의위忠義衛의 적籍(조선 세종 때 만든 공신들의 자손만 들어갈 수 있는 특수부대)에서 삭제하였다. 황상과 달리 이순몽이 기생첩 쟁탈 사건 이후에도 계속 벼슬을 할 수 있었던 것은, 황상의 죄와 이순몽의 죄가 그 원인이 달랐던 까닭인 것이다. 사건의 발단은 같았으나 죄질이 달랐다.

그 후 세종 12년(1430)에 황상 아내의 상언上言으로 인하여 황상을 경기 밖으로 양이量移하라는 명이 내려졌다. 그리고 생을 마감하기까지 황상의 행적에 대한 기록은 찾아볼 수 없다. 다만 황상은 거상居喪 중에 저지르는 간음죄에 대한 전례가 되어 번번이 사초史草에 오르내리는 수모를 겪어야 했다. 윤리강상을 무너뜨리고 풍속을 어지럽힌 대표적인 예로 지적되었던 것이다.

충효를 만세의 큰 대강大綱으로, 형벌을 만세의 대전大典으로 여겨 단 하루도 폐할 수 없는 기조로 삼았던 조선시대에 황상의 죄는 결코 용납될 수 없는 금수의 짓이라 여겨졌다.

기둥서방의 하소연
이웃의 첩을 강제로 빼앗은 이철견

월성군 이철견이 권세와 위력을 빙자하여 정호의 자식까지 낳은 그의 첩을 간통하고서도 사헌부에서 조사할 때 사실대로 고하지 않고 항거한 데다가 자신의 죄에 대해 승복하지 않았으니 그 죄는 곤장 100대에 해당되는 보석금을 바치게 하고 직첩을 전부 거두어서 내쫓는 것에 해당됩니다.

− 『성종실록』, 성종 25년 11월 29일

성종 25년(1494) 11월 사헌부에서 왕실의 외척인 월성군月城君 이철견李鐵堅의 죄와 그에 따른 형량을 정하여 고하였다. 정희왕후貞熹王后(세조의 부인)의 친동생 이철견이 남의 첩과 간통하고도 자신의 잘못을 인정하지 않았으니 엄히 벌해야 한다는 것이었다. 조선시대에는 왕실의 외척들이 상당한 권세를 누렸고, 이들로 인해 생기는 폐단이 상당했으니 이철견의 간통 사건이 그러했다.

음란한 외척들   이철견은 사헌부의 상소가 올라오기 한 달 전인 10월 3일 정호鄭灝의 첩과 간통한 일로 물의를 일으켜 벼슬자리에 나가지 않겠다고 청하면서 성종에게 이렇게 고했다.

"사헌부에서 말하기를 제가 정호의 첩과 간통하였다고 하며 국문하려고 하는데, 이제 명하여 벼슬자리에 나오라 하시니 마음이 실로 편안하지 못합니다. 청컨대 벼슬하라는 명령을 거두어 주소서. 정호의 첩으로 있는 다물사리多勿沙里라는 여인은 강화부사를 지낸 조종趙悰의 계집종이었습니다. 조종의 집과 저의 집이 이웃하여 있는 관계로 저의 집 계집종과 더불어 악기를 잘 다루었으며 가끔씩 신의 집에서 함께 유숙하는 일이 있었는데, 제가 그때 그녀와 간통하였습니다. 그 뒤 정호가 다물사리를 첩으로 삼았는데 음란한 행실이 있다고 하여 버림을 받은 지 이제

벌써 3년이나 되었는데도 사헌부에서는 그간의 사정은 제대로 묻지 않고 없는 죄를 꾸며서 신에게 뒤집어씌우니 실로 민망하기가 짝이 없습니다."

자신은 억울하다는 항변이었다. 이철견은 자신이 다물사리라는 종과 간통하긴 했으나, 그것은 다물사리가 정호의 첩이 되기 전의 일이므로 남의 첩을 빼앗은 것은 아니라고 주장했다. 성종은 이철견의 말을 곧이듣고 달래며 말했다.

"나라의 일을 보는 재상에게 없는 죄를 만들어 씌우는 것이 어찌 바른말을 하는 대간臺諫의 도리이겠는가? 내가 마땅히 사헌부에 물어보겠으니 그대는 벼슬자리를 사양하지 말라."

이철견은 단순한 외척이 아니라 할머니의 남동생이어서 성종으로서도 함부로 대할 수 없었다. 성종은 오히려 사헌부에 있는 강경서姜景敍를 불러 야단을 치는 것으로 사건을 마무리하려 했다. 그러나 사헌부가 어떤 곳인가. 관리의 부정을 규찰하여 처벌하는 감찰기관이 아닌가. 더구나 이철견 등의 간통 사건은 왕실의 외척과 관련되는 것이니 더욱 그냥 넘어갈 수 없었다.

성종의 꾸지람이 있은 날로부터 한 달을 조금 넘긴 그해 11월 14일, 사헌부에서 이철견이 남의 첩을 빼앗아 간통한 것과 임금에게 거짓으로 아뢴 것, 그리고 혼자만 간통한 것이 아니라 이철견과 같은 외척인 한치례韓致禮와 홍상洪常 등도 함께 간통한 사실 등을 문제 삼아 큰 벌을 내려야 한다고 정식으로 요청했다.

다물사리와 이철견의 만남 정희왕후의 남동생 이철견은 문음門

蔭(음직蔭職)으로 능지기가 되었다가

수양대군이 김종서·황보인 등을 죽이고 정권을 잡을 때 공을
세워 원종공신原從功臣 2등에 올랐다. 이후 성종 즉위년(1470)에
동지중추부사同知中樞府事가 되었고, 그 뒤 경기도·평안도·경
상도 등의 관찰사를 거쳐 성종 17년(1486)에는 종1품 좌찬성에
올랐으며 판의금부사判義禁府事를 비롯한 재상의 자리에 7년이나
있었다. 이철견은 왕의 진외할아버지(아버지의 외삼촌)로서 출세는
보장된 것이나 다름없었다.

    이철견은 판의금부사가 되어 서울에서 자리를 잡고 돈을 좀
모으자, 성종 21년(1490) 가을에 집을 크게 장만하여 세력을 과
시하려 했다. 서울 한복판에 작은 터를 잡아 집을 짓고 점차 주
변 땅을 강제로 빼앗아 넓히고는 첩이 사는 집으로 삼았다. 이철
견은 젊었을 때부터 작첩作妾(첩을 얻음)을 많이 하고 기생과 어찌
나 심하게 놀아났는지, 부인이 화병으로 일찍 세상을 떠났음에
도 불구하고 오히려 그러한 행동에 거침이 없는 위인이었다.

    문제가 된 다물사리와는 조종의 집에서 처음 만났다. 옆집에
사는 조종의 집에 놀러 갔다가, 계집종 중 가무를 잘하고 얼굴
도 아름다운 아이가 있다고 하여 불러서 연주를 들어 보게 되었
다. 조종이 하인을 불러 명을 내린 지 한참이 지나서야 계집종
하나가 거문고를 들고 나와 연주하며 시를 읊조리고 노래를 부
르는데, 악기 다루는 솜씨와 노래가 모두 일품이었다. 또 이미

이철견 신도비. 대구시 유형 문화재 38호. 신도비는 임금이나 공신의 평생 업적을 기록하여 묘 앞에 세우는 것이다. 이철견은 왕의 외척으로서 재상의 자리에까지 올랐지만, 그의 행적은 제대로 된 양반이라고 보기 어려울 정도로 문란했다.

많은 첩을 거느리고 있는 이철견이 보기에도 침을 꼴깍 하고 삼킬 정도로 아름다웠다.

음악에 취한 척 점잖 빼고 앉아 있기는 했지만, 이철견의 머릿속은 어떻게 하면 저 아이를 품에 안을까 하는 생각으로 꽉 차 있었다. 한데 그의 마음을 읽기라도 한 듯 조종이 꺼내는 말이 기가 막혔다.

"저 아이는 원래 제가 거느린 계집종인데, 가무와 음률을 잘하여서 그 일만 하는 관계로 바깥에 별채를 마련하여 거처하게 하였습니다. 그런데 2년 전 제 사촌동생 정호가 저 아이에게 반해 식음을 전폐할 정도가 되었는지라 할 수 없이 저 아이를 동생에게 주었답니다. 저 아이 이름은 다물사리라고 합니다."

이 말을 들은 이철견은 머리에 철퇴를 맞은 듯 정신이 아득해져 길게 한숨을 내쉬었다. 자리를 파하고 집으로 돌아온 이철견은 다물사리의 손길과 모습이 눈앞에 아른거려 도무지 잠을 이룰 수 없었다. 잠을 자는 둥 마는 둥 밤새 뒤척이다가 날이 밝기가 무섭게 가장 신임하는 하인을 불러 다물사리의 집이 어디이며 어떻게 살고 있는지 알아 오라고 명을 내렸다. 얼마 지나지 않아 하인이 급히 들어와 아뢰는 말은 매우 실망스러웠다.

다물사리와 정호가 서로 사랑하여 조종이 사촌동생인 정호에게 다물사리를 보냈고, 다물사리가 정호의 아이를 낳자 정호가 별채를 마련하여 거처하게 한 다음 여종까지 딸려 시중을 들게 하고 있다는 것이었다. 기둥서방이 시퍼렇게 눈을 뜨고 있고 그의 아이까지 낳았다고 하니 어찌할 도리가 없었다.

그해가 다 지나갈 때까지 벙어리 냉가슴 앓듯 마음만 졸이던 이철견에게, 새해가 되자 귀가 번쩍 뜨이는 소식이 들려왔다. 다물사리의 기둥서방인 정호가 군관으로 진급하여 평안도로 나가게 되었다는 소식이었다. 지방으로 가면 최소한 1년은 있어야 하므로 다물사리를 유혹하여 자기 여자로 만들기에는 충분한 시간이었다.

정호가 부임해 가기를 학수고대하던 이철견은 그가 평안도로 떠나기 무섭게 다물사리를 찾아가 수작을 넣었다. 다물사리도 순순히 이철견을 맞아들였다. 눈이 맞은 두 사람은 그날부터 꿈 같은 시간을 보내면서도, 한편으로 언제 돌아올지 모르는 기둥서방 정호가 늘 마음에 걸렸다. 정호에게 다물사리를 빼앗을 계책을 궁리하던 이철견은 조종을 통해 압력을 넣기로 마음먹었

조선남녀상열지사

다. 그때부터 이철견은 조종의 집을 뻔질나게 드나들며 선물도 하고 맛있는 음식도 함께 나누며 정을 돈독히 하였다. 뿐만 아니라 다물사리의 마음을 자기편으로 확실하게 다잡는 것도 잊지 않았다. 다물사리의 마음이 자신에게 기울었다고 생각한 이철견은, 세상을 얻은 듯 활개를 치고 다니며 즐거워하는 기색이 얼굴에 역력했다.

이철견은 같은 왕실의 외척으로 평소 교분이 두터웠던 인수대비의 사위 홍상洪常과 인수대비의 오빠인 한치례韓致禮에게 다물사리와의 관계를 털어놓았다. 그런데 이철견의 말을 들은 두 사람은 모두 입을 벌리고 한참 동안이나 다물지 못했다. 한치례와 홍상 모두 이미 다물사리와 잠자리를 같이한 까닭이었다. 기둥서방인 정호가 없는 틈을 타서 왕실의 외척이 되는 세 남자가 한 여자를 놓고 번갈아 간통했으니, 민망하기 이를 데 없는 일이었다. 그러나 이미 정호의 아이까지 낳은 계집인데, 또 다른 남자와 살을 섞은들 무슨 상관이란 말인가. 이철견은 한치례와 홍상의 일을 대수롭지 않게 넘겼다.

오히려 이철견은 계속 조종의 집에 드나들며 친분을 돈독히 한 다음, 급기야 조종에게 정호가 스스로 물러나게 해 달라고 부탁을 넣었다. 그렇게 지내는 가운데 어느덧 1년이 다 지나서 성종 23년(1492) 봄이 되었다. 정호가 군관 임기를 무사히 마치고 서울로 돌아온다는 소식이 전해졌다.

첩을 빼앗긴 정호의
신세 한탄

서울로 돌아온 정호는 집에는 들르
는 둥 마는 둥 하고 곧바로 다물사
리의 집으로 달려갔다. 하지만 어찌된 일인지 다물사리는 보이
지 않았다. 여종에게 물으니 월성군 이철견의 집에 갔다고 했
다. 다물사리가 음악을 잘하여 평소 이철견의 여종과 왕래가 있
었으므로 정호는 별다른 의심 없이 집으로 돌아갔다. 그 뒤 공
무에 바빠 다물사리의 집에 들르지 못하다가 10여 일이 지난 뒤
다시 가 보았는데 그날도 다물사리는 집에 없었다. 역시 월성군
의 집에 갔다는 것이었다. 또 허탕을 치고 5일 후 다시 가 보았
더니 그날은 다물사리가 집에 있었다. 그런데 정호가 오기를 기
다리고 있었다는 듯 사촌 형 조종이 들어와 이렇게 말했다.

"월성군 이철견이 이 여종을 가까이 두고자 하니 보내는 것이
좋겠다."

그제야 모든 상황을 알아차린 정호는 기가 막혀 말이 나오지
않을 지경이었지만, 겉으로는 태연한 척하며 말하였다.

"이 여자는 나의 종이 아니니 형님 처분대로 하십시오. 그렇
지만 내가 없다면 모를까 이렇게 시퍼렇게 눈을 뜨고 살아 있는
데 어떻게 차마 보낼 수 있겠습니까?"

정호는 화를 벌컥 내고는 집으로 돌아와 버렸다. 잠시 후 조
종의 부인이 정호를 찾아와 타이르며 말하기를, 정호 때문에 이
웃집에 사는 재상과 사이가 틀어져 화를 입을 수 있으니 다물사
리를 빨리 보내는 것이 좋겠다고 했다. 정호는 그럴 수 없다고

답한 후 다물사리에게 가서 의중을 물었다. 다물사리는 이렇게 답했다.

"월성군께서는 종친들이 활을 쏘는 자리에 저를 데리고 가셔서 저와 나란히 앉아 있었습니다."

다물사리의 마음이 이미 떠난 것을 확인한 정호는 더 이상 강요하지 않고 집으로 돌아와 버렸고, 자신이 붙여 준 여종도 데려왔다. 이처럼 호기를 부리기는 했지만 정호의 마음속에서 다물사리는 쉽게 지워지지 않았다. 그러나 상대는 한 나라의 재상이자 임금의 할아버지였다. 정호로서는 그저 만나는 사람마다 붙잡고 하소연하는 수밖에 다른 방법이 없었다. 정호는 그 뒤 술을 한 잔 먹기만 하면 울먹이며 이 사람 저 사람 붙들고 하소연했다.

"이철견은 한 나라의 재상으로 많은 첩을 거느렸거늘 그것도 모자라 나의 첩까지 빼앗았다."

이렇듯 만나는 사람마다 붙잡고 신세 한탄을 하니, 이철견이 다른 사람의 아이까지 낳은 여자를 빼앗았다는 소문이 서울 장안에 파다하게 퍼졌다. 왕실의 외척이 발호跋扈하여 장차 나라가 어찌될지 모르겠다는 탄식 섞인 소리까지 터져 나왔다. 왕실의 외척으로 엄청난 권세를 누리던 이철견의 간통 사건을 사헌부에서 모른 척할 리 없었다. 사헌부에서는 소문의 진상을 조사하여 탄핵할 움직임을 보였다.

쟁탈爭奪

이러한 움직임을 알아챈 이철견이
먼저 성종을 찾아가 변명하며 벼슬
을 내놓겠다고 왕을 협박했다. 성종은 사헌부 관리를 불러다가
준엄하게 꾸짖었지만 이는 도리어 호랑이 수염을 건드린 꼴이
되었다. 사헌부에서 이철견의 간통 사건을 정식으로 조사하겠다
고 나선 것이다. 사헌부의 조사 결과, 이철견뿐 아니라 한치례
와 홍상 등이 함께 간통했으며 정호의 아이까지 낳은 다물사리
를 빼앗았다는 사실이 낱낱이 드러났다. 다물사리를 잡아다 문
초해 보니 조사한 사실과 거의 다르지 않았다. 그때부터 사헌부
와 성종 사이에 일대 격전이 벌어졌다.

성종 25년(1494) 11월 14일 사헌부의 상소가 시작되었다.

"이철견이 권력 있는 자리를 이용하여 정호의 자식까지 낳은
첩인 다물사리를 빼앗아서 간통하고는 온갖 감언이설로 핍박하
여 정호로 하여금 버리도록 하였는데, 자신의 사악함을 숨기려
고 그녀가 간통한 간부姦夫를 끌어다 댄 것이 많습니다. 그리고
빼앗아서 간통한 일의 흔적을 숨기고 승복하지를 않습니다.

한치례와 홍상이 서로 몰래 간통한 것도 다물사리와 관련이
있는 증인들이 모두 이미 승복하였는데, 오직 이철견만이 교묘
한 말로 꾸미면서 굳이 저항하니 아주 옳지 못합니다. 더구나
이철견은 한치례와 홍상이 다물사리와 간통한 것을 알고서도
모른 척하고 간통하였는데, 이철견과 한치례는 피로써 동맹을
맺을 만큼 친분이 두터운 사이였고, 홍상과도 가까운 친척 사이

사헌부 대사헌의 관복에 부착한 흉배. 선악을 판단한다는 상상의 동물 해치가 그려져 있다. 사헌부는 조선시대 언론 활동, 풍속 교정, 백관百官에 대한 규찰과 탄핵 등을 관장하던 관청으로 오대烏臺, 백부柏府라고도 하였다. 의정부·6조와 함께 조선시대 정치의 핵심 기관이었다. 사헌부는 관료들의 부정과 실정失政을 규찰하는 관아로 『경국대전』에 '시정時政을 논평하고 문무관의 정치 업적을 규찰하여 풍속을 바로잡고 억울한 형벌을 밝히며 남위濫僞를 금지하는 등의 일을 맡는다'라고 씌어 있다. 감찰 기관인 사헌부의 관원은 종2품 대사헌大司憲과 종3품 집의執義를 비롯하여 정4품 장령掌令 2명, 정5품 지평持平 2명, 감찰監察 24명으로 구성되었으며, 사헌부의 집행을 담당하는 소유所由·군사軍士 등이 30여 명 있었다.

사간원·홍문관과 함께 3사로 불렸으며, 의정부·6조와 대립 견제하는 관계였다. 3사의 관원들은 면책특권으로 중심 활동인 탄핵의 직무를 보장받았다. 탄핵은 사실이 확인된 경우는 물론이고 풍문에 의해서도 이루어졌는데, 이때 탄핵을 받은 관원은 지위 고하를 막론하고 직무 수행이 중지되며 다시 직무를 보기 위해서는 일정한 절차를 거쳐야 했다. 3사의 간원들은 체직遞職·승차에서 의정부와 6조 관원에는 뒤떨어지나 그 외의 같은 품직보다는 우월한 지위를 누렸다.

가 됩니다. 한 나라의 재상으로서 국법을 두려워하지 않고 멋대로 서로 내놓고 음란한 짓을 하여 풍속을 어지럽히는 것이 이보다 심함이 없는데도 항거하여 불복을 자행하니, 청컨대 성상께서 헤아려 판단하사 죄를 물으시옵소서. 이것은 왕실과 관련된 간통이므로 왕실의 범죄를 다루는 종부시宗簿寺(조선시대에 왕실의 계보를 찬록撰錄하고 왕족의 허물을 살피던 관아)로 하여금 중죄인을 신문하는 절차에 따라 추국推鞫하게 하소서."

성종은 의정부의 대신들에게 이 사건을 의논하라고 명했다. 하지만 대신들은 모두 왕실과 관련된 일이니 왕이 직접 판단하는 것이 좋겠다고 하였다. 의정부 대신들이 임금에게 스스로 판단을 내리라고 하는 것은, 아무 일도 없었던 듯 덮으라는 말과 같은 뜻이었다. 이 말을 들은 성종은 사헌부에 명을 내렸다.

"한치례와 홍상은 아재비와 조카 사이인데 어찌 서로 간통한 것을 알고서 또 간통을 하였겠느냐. 그러므로 이 두 사람은 그냥 내버려 두는 것이 좋겠다. 그리고 이철견이 한치례와 홍상이 간통한 것을 알았다면 어찌 가만히 있을 수가 있겠느냐. 그리고 이철견에게 벌을 내리려 한다면 다물사리가 정호의 첩이라는 증거가 있어야 하는데, 한 집에 살지도 않은 사람을 어찌 첩으로 볼 수 있겠느냐. 그러므로 이철견은 정호의 첩을 빼앗은 것이 아니니 이것도 처벌할 수가 없다. 앞에서 논의한 의정부의 재상들에게 다시 의논하도록 하라."

이후 사헌부와 성종 사이에 이철견이 정호의 첩을 빼앗았느

조선남녀상열지사

냐 아니냐를 놓고 치열한 설전이 벌어졌다. 당시 사헌부에서 올라오는 상소는 모두 이철견과 관련된 것이었다. 사헌부의 모든 관리들이 달려들어 시작한 상소 전쟁은 11월 14일부터 11월 21일까지 계속되었다. 성종이 계속해서 거부하고 나서자, 11월 22일 사헌부의 우두머리인 대사헌 이의李誼가 직접 나섰다. 대사헌이 상소를 올리고 여러 차례 설전도 벌였지만 성종이 꿈쩍도 하지 않자, 나중에는 사간원까지 합세하여 상소를 올렸다. 그래도 성종은 끝까지 뜻을 굽히지 않았다.

이렇게 해서는 안 되겠다고 생각한 대사헌 이의는 11월 23일 사헌부 관리들과 함께 자신의 직책을 걸고 마지막으로 상소를 올렸다.

"신은 본디 문무를 잘 모르는 사람인 데다가 사람들에게 신망도 없으면서 감찰부의 수장을 맡아 왔습니다. 그런데 지금에 이르러서 보니 너무나 분명한 일을 가지고도 성상의 마음을 돌리지 못하고 있으니 신의 무능의 소치로 말미암아 나랏일을 망칠까 두렵습니다. 청컨대 신의 대사헌 자리를 파직시키고 다른 사람으로 바꾸어서 나라의 일이 잘 돌아갈 수 있도록 하시옵소서."

대사헌의 자리에서 물러나겠다는 말이었다. 놀란 성종은 그제서야 부랴부랴 이의를 달랬다.

"마땅히 대신들에게 의논하고 짐작해 처리하겠으니 자리에서 물러나겠다는 말은 하지 말라. 그리고 대사헌의 말처럼 정호를 불러서 물어보도록 하겠다."

쟁탈爭奪

11월 24일이 되어서야 성종은 정호를 불러 이철견이 다물사리를 빼앗아 간통했는지 물어 보았다. 정호는 사실대로 아뢰었으나, 성종은 그의 말을 너무 너그럽게 해석했다.

"정호의 증언으로 볼 때 이철견이 그의 첩을 빼앗아 간통했다고 지적하는 것은 틀린 말이다. 내일에 6조와 한성부漢城府 등을 불러 그동안 심문한 내용들을 증거로 의논해 아뢰도록 하라."

11월 25일 성종이 6조와 한성부의 관리를 모두 빈청賓廳으로 불러 의견을 들었다.

"조사 내용을 보건대 이철견이 간통한 것으로 하여 그 죄를 정하는 것은 불가합니다. 다만 다물사리는 춤추고 노래하는 창기娼妓로 음란한 행위를 일삼는 여자인데 이철견이 지위 높은 재상으로서 불러서 잠자리를 함께한 것은 명예롭지 못하니 이것으로 법규를 적용하여 처리하는 것이 어떻겠습니까?"

성종은 이들의 말대로 이 사건을 다시 사헌부로 보내 형량을 결정하여 올리라고 지시하였다. 그에 따라 사헌부에서 이철견의 죄에 대해 다음과 같이 구형했다.

"월성군 이철견이 권세와 위력을 믿고 정호의 자식까지 낳은 그의 첩과 간통하고서도 사헌부에서 조사할 때 사실대로 고하지 않고 항거하였으며 자신의 죄에 대해 승복하지 않았으니, 이는 곤장 100대에 해당하는 보석금을 바치게 하고 직첩을 전부 거두어서 내쫓는 것에 해당합니다."

그러나 성종은 자신의 진외할아버지를 무겁게 처벌하기가 어려웠는지 파직하는 선에서 일단락 지으려고 했다. 이처럼 성종이 한 달 동안이나 간관諫官들과 힘겹게 싸워 가며 가벼이 마무리 지으려고 하면, 당사자인 이철견은 가만히 엎드려 있어야 마땅했다. 하지만 사람 됨됨이가 경박하고 인품이 모자랐던 이철견은 반성하기는커녕 오히려 자신에 대한 처벌이 무겁다며 아들 이성정李成楨을 통해 5일 동안 두 번이나 상소를 올렸다. 그러니 사헌부에서도 가만히 있을 수가 없었다. 사헌부에서는 이철견이 국법을 우습게 여기고 아들을 사주하여 임금께 대든다며 다시 들고 일어났다.

결국 그 뒤로도 한 달 가량 계속된 사헌부와 임금 간의 공방에서 성종이 더 이상 처벌할 수 없다고 버티는 바람에 이철견의 일은 흐지부지되었고, 이철견은 파직된 다음 해인 성종 26년(1495) 다시 복직되었다.

사람 됨됨이가 썩고 병들어　　성종 26년에 씌어진 『실록』의 「이철견 졸기卒記」에 다음과 같은 내용이 실려 있다.

사람 됨됨이가 사상적으로나 도덕적으로 썩고 병들어 허황한 데다가 무엇이나 과장되게 말하며, 호탕한 성격에 보고 배운 것이 없어 예의범절을 알지 못하고, 탐욕스러우며 음란하고 사치하

고 화려하였으나 왕실의 외척이었기 때문에 벼슬이 재상의 자리
에까지 이르렀으니 요행이었다. - 『연산군일기』, 연산 2년 5월 6일

이철견과 다물사리의 사건으로 인해 성종은 사헌부 관헌들의
끈질긴 공격에 시달렸다. 엄정하게 법을 집행한다면 남의 첩을
빼앗은 행위는 벌을 받아야 마땅했지만, 이철견이 왕실의 외척
이었기 때문에 성종으로서도 어쩔 도리가 없었다. 사헌부나 사
간원의 간관들은 끝까지 강력한 처벌을 주장했지만, 결국 이철
견은 별다른 처벌도 받지 않고 파직이라는 형식적인 절차를 거
친 후 다시 관직에 복직되었다.

살인 사건의 배후로 지목된 왕자

개성유수 유희서 살해 사건

유성군 유희서를 살해한 적도가 중형을 받지 않았는 데도 며칠도 못 되어 연이어 죽었으니, 이것은 옥졸獄卒이 속인 때문이긴 하나 관원으로서도 책임이 없다 할 수 없습니다. 그러므로 그때에 관원을 죄 주기를 청한 것이 한두 번이 아니었으니, 두렵게 생각하고 십분 경계하여 전과 같은 폐단이 없게 했어야 할 것입니다. 그런데 이른바 도둑의 우두머리인 김덕윤이 추국도 끝나기 전에 까닭 없이 또 옥중에서 죽음으로써 극악무도한 적도의 옥사로 장차 단서를 알아낼 수 없게 되었으니 물정物情(세상의 이러저러한 실정이나 형편)이 다들 통분해 합니다.

— 『선조실록』, 선조 37년 1월 23일

선조 37년(1604) 사헌부에서 개성유수 유희서柳熙緒(1559~1603)
의 살해 사건을 조사하는 와중에 용의자들이 까닭 없이 연이어
죽는 바람에 사건의 진상을 밝힐 수 없게 되었다며 왕에게 올린
상소이다. 유희서는 선조 36년(1603) 7월 개성유수 임기를 마치
고 서울로 돌아오는 길에 포천에 있는 부모 산소에 들렀다가 도
적떼들에게 살해당했다. 재상의 반열에 오른 자가 살해되었으니
나라가 발칵 뒤집혔다. 당장 사헌부에서 용의자들을 잡아들여
조사에 나섰다. 한데 기괴하게도 사건을 조사하는 과정에서 살
해를 직접 지시하고 주도한 자로 지목된 사람들이 모두 이유 없
이 죽어 나가 사건이 미궁에 빠졌다. 이 과정에서 유희서 살해
의 배후로 선조의 맏아들 임해군이 지목되면서 이 사건은 엄청
난 파장을 몰고 온다.

조
선
남
녀
상
열
지
사

전쟁통에 군막에서까지   유희서는 선조 때 좌의정을 지낸 유
                        전柳㙉의 아들이다. 문신文臣으로서
임진왜란 때 큰 활약을 펼친 공을 인정받아 도승지를 거쳐 경기
도 관찰사까지 역임했으며, 선조 36년에는 45세의 나이로 부원
군 칭호에 해당하는 유성군儒城君으로 봉해졌다. 그러나 아버지
의 배경으로 관직에 나온 때문인지 행동이 바르지 못하고 다른
사람을 우습게 보았으며, 뇌물과 재물을 너무 밝혀 사족士族들
에게 멸시를 받기도 했다.

이런 세상의 시선을 아랑곳하지 않고 유희서는 비슷한 성향을 가진 사람들과 도당徒黨을 이루어 재물을 모아 세력 있는 집안에 뇌물을 많이 바치고 좋은 말로 아첨하여 선조의 비호를 받았으니, 어떤 면에서 본다면 정치력이 뛰어난 인물이라고도 할 수 있겠다.

유희서는 얼마나 나라의 법을 우습게 알았는지, 임진왜란으로 나라의 존망이 바람 앞의 등불 같았던 선조 26년(1593) 1월, 무관들의 인사를 좌지우지하는 관직인 병조정랑 자리에 있으면서 원수元帥의 군막에서 기생과 간통하다가 명나라 장수에게 들켜 망신을 당하기도 했다.

사건의 전말은 이러했다. 임진왜란 초기 속수무책으로 당하기만 하던 조선 조정은 선조를 모시고 북으로 피난을 가서 의주의 난자도에 이르러 명나라에 원병을 요청했다. 명나라 조정은 조선이 무너지면 명나라도 위험하다는 판단 아래 이여송李如松에게 4만 군대를 주어 조선으로 보냈다. 이여송이 이끄는 명나라 군대는 12월에 압록강을 건너와 조선의 군대와 합세하여 평양성을 공격할 준비를 했다.

이때 병조정랑이던 유희서는 명나라 군대와 협의하기 위해 이여송의 막사를 자주 왕래했는데, 어느 날 명군 막사에서 병조로 돌아가다가 길가에서 기생 한 명을 만났다. 유희서는 기생을 불러 어디 소속인지 물었다. 의주 관아에 있는 기생으로 이름은 애생愛生이라고 했다. 전쟁이 일어나면서 서울에서 누리던 풍류를

쟁탈爭奪

맛본 지 오래된 데다 애생의 자태가 너무 아름답고 요염한지라 유희서는 애생을 안고 싶어서 견디지 못할 지경이었다.

애생과 눈이 맞은 유희서는 바로 막사로 들어가 일을 벌였다. 그때 갑자기 막사 바깥문이 열리더니 명나라 장수가 들어서는 것이 아닌가. 다행히 일을 다 치르고 난 후인지라 안도의 한숨을 내쉬었지만 망신을 당할 것은 불을 보듯 뻔한 일이었다. 아니나 다를까. 두 남녀가 막사 안에 있는 것을 본 명나라 장수는 유희서를 가리키며 "나라도 지키지 못한 관리 주제에 남의 막사에 들어와서 음란한 행위나 하고 있느냐"고 면박을 주었다.

할 말이 없어진 유희서는 애생을 데리고 도망치듯 막사를 빠져나왔다. 톡톡히 망신을 당한 후에도 유희서는 정신을 차리지 못했다. 궁리를 거듭하던 그는 애생을 다시 불러다가 노비의 적에서 빼 줄 터이니 자기 첩이 되어 함께 지내자고 유혹했다. 애생은 유희서가 좋은 말로 달래자 못 이기는 척 제안을 받아들였다.

이쯤 되고 보니 유희서가 애생과 놀아난 일, 명나라 장수에게 망신당한 일, 그리고 나라의 재산인 사비를 사사로이 첩으로 삼은 일이 파다하게 퍼져 알 만한 사람은 다 알게 되었다. 소문은 돌고 돌아 관리의 비리를 임금에게 보고하는 기관인 사간원司諫院에까지 들어갔다.

"지금이야말로 군주가 욕을 당하고 신하가 죽는 때를 당하였으니 군신이 모두 와신상담하며 적을 토벌하고 원수를 갚기에도 겨를이 없어야 합니다. 그런데 사대부 중에 간혹 편안히 지내며 방종함이 평소 때와 같아 명나라 장수의 꾸짖음을 초래하기까지 하였으니 국가의 수치와 욕됨이 큽니다. 병조정랑 유희서는 본래 행실이 없는데, 지난번 원수의 군중에서 올 때에 공공연히 창기와 잠자리를 같이하고 얼마 되지 않아 창기를 태우고 떠났으므로 듣는 사람 중 놀라워하지 않는 이가 없었습니다. 파직하고 등용하지 말도록 명하소서."

참으로 민망한 일이었다. 그러나 전쟁 중이었고, 또 선조가 유희서를 특별히 총애하여 사실 여부를 조사해 보는 선에서 흐지부지되고 말았다. 하지만 유희서 사건은 국법을 크게 어긴 일로서 언제라도 다시 문제가 될 수 있는 사안이었다. 조선시대에는 평안도와 함경도에 거주하는 사람은 하물며 기생이라 할지라도 함부로 서울로 이주할 수 없었으며, 관기를 데려다 사사로이 첩으로 삼는 것 또한 불법이었다.

국법을 어기면서까지 첩으로 삼을 만큼 유희서는 애생을 애지중지했다. 하지만 훗날 애생 때문에 목숨까지 잃게 되니 유희서에게 애생은 액운 덩어리였다.

말 한 필 관찰사—馬觀察使 선조 25년(1592) 시작된 전쟁은 선조 31년(1598) 왜군이 완전히 철수하면서 끝을 맺었다. 전쟁이 끝날 무렵 유희서는 경기감사 자리에 있었다. 이때도 유희서는 경기감사라는 중책을 맡고 있으면서 뇌물을 받고 옥사를 제대로 처리하지 않아 탄핵을 받았다.

선조 31년 7월, 강화부 교동에서 양택梁澤이란 자가 돈을 마음대로 쓰지 못하게 하면서 잔소리를 너무 많이 한다는 이유로 아버지를 죽인 패륜 사건이 일어났다. 사건이 터지자 강화부와 교동에서 각각 나가 시신을 검사하여 타살로 판명이 났다. 그러나 강화부사 이용순李用淳과 교동현감 이억창李億昌 등은 패륜 사건이 중앙에 알려지면 자신들의 벼슬자리가 위태로워질까 염려하여 사건을 상부에 보고하지도 않고 차일피일 미루다가 몇 달이 지난 후에야 다시 검시를 하겠다고 했다. 하지만 이미 증거는 없어진 뒤였으니 검시가 제대로 될 리 없었다.

이렇게 되자 이용순 등은 양택이 아버지를 죽였다고 고소한 동네 사람 열여섯 명을 붙잡아 와 소문의 근원지가 어디인지 추궁했다. 그러면서 오히려 동네 사람들을 죄인 다루듯 하여 마치 양택의 복수를 대신 해 주는 것 같았다. 양택은 사건이 커지자 교동현감과 강화부사에게 많은 뇌물을 바쳤고, 경기감사인 유희서에게도 좋은 말을 바쳤다. 유희서는 뇌물을 받고 옥사를 제대로 처리하지 않아 거의 1년이 지나도록 양택을 옥에 가둔 채로 방치하였다. 사람들은 유희서를 욕하며 개·돼지와 같이 생각하고, "말 한 필 관찰사一馬觀察使"라고 비꼬아서 불렀다.

이 소문이 퍼지자 권필權韠 등이 선조에게 상소를 올려 강화부사와 교동현감, 경기감사 등을 처벌할 것을 청하기에 이르렀다. 결국 선조는 이 사건을 의금부에 보내어 조사하도록 했다.

조선남녀상열지사

그로부터 한 달 정도가 지난 10월 중순경 사헌부 지평 유희분柳希奮이 선조에게 이렇게 고했다.

"시역弑逆의 죄는 천지에 용납될 수 없는 것으로 잠시도 늦출 수 없습니다. 양택이 아비를 시해한 일을 본 고을의 수령이 즉시 감사에게 보고하지 않은 것만도 이미 놀라운 일인데 이미 보고한 뒤에도 감사가 즉시 검험檢驗하여 실인實因(살해된 자의 죽은 원인)을 기록하지 않아 1년이 경과한 지금에서야 비로소 국문하게 되어 강상綱常을 어지럽힌 큰 죄인을 즉시 정죄하지 못하고 지연시키게 하였으니 매우 놀랍습니다. 그 당시의 수령과 감사를 아울러 추고하여 치죄하도록 명하소서."

유희서가 사건을 은폐한 것은 변명의 여지가 없었다. 한데 유희서가 찾아와 억울하다고 하소연하니 마음이 약해진 선조는 오히려 그를 달래며 처벌하지 않겠다고 약속하고 사건을 흐지부지 무마했다. 그리고 1년 후인 선조 34년(1601) 5월, 벼슬을 오히려 높여 유희서를 고려의 옛 수도인 개성을 지키는 최고 책임자인 개성유수로 삼았다.

정치적인 능력도 부족한 데다 이처럼 편파적으로 일을 처리했으니 선조가 조선조 28명의 임금 중에서 가장 박한 평가를 받는 게 어쩌면 당연한 결과인지도 모른다. 선조의 이 같은 편애로 아무리 큰 잘못을 해도 처벌을 받지 않으니 유희서의 권세는 영원할 듯 보였다. 그러나 그의 인생을 송두리째 바꾸어 놓는 일이 벌어졌다.

임해군의 눈에 띈 애생　　개성유수로 부임하면서 온 가족을 데리고 갈 수 없었던 유희서는 애생을 서울에 홀로 남겨 두고 떠났다. 혼자 남은 애생은 이듬해 따뜻한 어느 봄날 몸종 하나를 거느리고 가까운 들판으로 꽃놀이를 갔다. 천천히 들판을 거닐고 있던 애생의 눈앞으로 말을 탄 귀족 행렬이 지나가는데, 맨 앞에 높이 앉아 있는 사람이 특히 눈에 띄었다. 키도 크고 용모가 준수한 것이 한눈에 봐도 왕족임을 알 수 있었다. 옆으로 비켜서서 고개를 숙이고 행렬이 지나가기를 기다리고 있던 애생은 커다란 말이 자기 앞에 멈추어 서는 것을 보고 놀라 자신도 모르게 고개를 들어 말에 탄 사람을 올려다보았다. 애생 앞에 말을 멈추고 선 사람은 바로 선조 임금의 서자인 임해군臨海君이었다.

선조의 자식 중에 가장 맏이▪였던 임해군은 성격이 난폭하고 놀기를 좋아하는 데다 임진왜란 때 함경도로 의병을 모집하러 갔다가 왜병의 포로가 되어 아내와 자식들을 볼모로 남겨 두고 서울로 돌아온 뒤 그 후유증 때문인지 포악함이 더욱 심해져 길거리를 마구 헤매며 다녔고, 민가에 들어가서 재물을 약탈하고 백성들을 구타하는 등 온갖 행패를 부렸다.

이런 임해군의 눈에 띄었으니 애생이 온전할 리 없었다. 말에

▪ 선조는 의인왕후懿仁王后와 인목왕후仁穆王后 두 부인을 두었으나 모두 아들을 보지 못하고 후궁인 공빈恭嬪 김씨에게 두 아들을 얻었다. 큰아들이 임해군이고 작은아들이 광해군이다.

조선시대 민화. 언덕 위 고목 아래에서 두 남녀가 희롱하고 있고, 이 모습을 한 남자가 나무 뒤에 숨어서 훔쳐보고 있다. 세 사람 사이에 어떤 사연이 있는지 궁금증을 불러일으키는 그림이다.

서 내린 임해군은 다짜고짜 애생의 손목을 잡아 말에 태웠다. 그러더니 부하들에게 따라오지 말라 이르고 바람처럼 달려 외딴집으로 가서는 집주인을 내쫓다시피 하고 성큼성큼 집 안으로 들어갔다. 일이 이쯤 되고 보니 애생은 거부해 봐야 소용없다는 것을 알았다.

임해군은 애생이 재상 반열에 올라 있는 유성군 유희서의 애첩이란 사실과 지금은 홀로 독수공방하고 있다는 것을 알고, 다시 만날 것을 굳게 약조하고 돌아갔다. 임해군은 애생을 자기 여자로 만들고 싶었지만, 아무리 왕자라도 부원군 반열에 올라 있는 사람의 애첩을 함부로 빼앗을 수는 없었다. 유희서가 개성에 있는 동안은 자유롭게 만날 수 있지만, 서울로 돌아오면 그렇게 하기가 어려울 것이었다.

재상이 도적에게
살해당했으니

세월이 흘러 선조 36년(1603) 7월, 유희서가 개성유수 임기를 마치고 서울로 돌아오게 되었다. 유희서는 서울로 오기 전 포천에 있는 부모 산소에 들러 성묘할 것이라고 했다. 다급해진 임해군은 자기 집 노비 중에서 믿을 수 있는 김덕윤金德允을 불러 비밀리에 유희서를 죽이라고 명했다.

김덕윤은 포천과 개성 부근에 숨어서 도적질을 하는 산적 두목 설수雪守와 김원산金元山, 박삼석朴三石과 황복黃福 등을 많은 돈을 주고 매수하여 유희서를 없앨 계획을 세웠다. 도적들은 비수 등으로 무장하고 숨어서 기다리고 있다가 한밤중에 말을 타고 유희서가 머무르고 있는 곳을 습격하기로 작전을 짰다.

선조 36년 음력 7월 21일 밤, 막 잠자리에 들려고 누웠던 유희서는 들이닥친 도적들에게 여러 번 찔려 그 자리에서 숨을 거두었다. 이 살인 사건은 즉시 포천현감을 거쳐 경기감사인 강신 姜紳에게 보고되었다. 나라의 재상이 도적에게 살해당했으니 보통 큰 사건이 아니었다. 경기감사는 8월 초하루에 중앙 조정으로 장계를 보내 이 사실을 보고했다. 소식을 들은 선조는 경연 經筵(임금과 신하가 함께 학문을 논하는 자리)을 취소하라 일렀다.

유희서 살해 사건에 대한 조사는 시신 검안부터 살해범 체포까지 일사천리로 이루어졌다. 설수와 김원산 등 도적 두목들이 먼저 형조로 잡혀와 심한 고문을 당했다. 이들은 김덕윤에게 많은 돈을 받고 유희서를 죽인 사실을 남김없이 털어놓았다. 이들의 진술에 따라 김덕윤도 형부로 잡혀가 고문을 당했는데, 그는 도적들과 달리 입을 열지 않고 끝까지 버텼다. 김덕윤이 끝끝내 입을 열지 않자 조사는 벽에 부딪혔다.

그렇게 시간이 지체되는 가운데 한 달 이상 감옥에 갇혀 있던 죄수들이 9월 말에 모두 죽어 버렸다. 살인 사건의 주모자로서 배후를 밝혀 낼 수 있는 단서를 가지고 있는 이들이 죽어 버렸으니 황당하고 심각한 일이 아닐 수 없었다.

일이 커지면서 임해군이 사건에 관련됐다는 증거가 속속 등장하고, 소문이 꼬리를 물자 임해군은 직접 선조 앞에 나아가 울며 자신의 결백을 하소연했다. 그러자 선조는 이 모든 것이 임해군 스스로 한 행동에서 비롯된 것이라고 꾸중하는 선에서 사건을 마무리하였다.

그런데 용의자들이 죽은 후 조사가 진전되지 않자 이번에는 유희서 집안에서 가만히 있지 않았다. 희서의 아들인 유일柳軼이 사헌부에 고소장을 제출했다.

"설수가 아버지를 살해한 이유를 분명히 말하였고 함께 일을 꾸몄다고 말한 사람이 매우 많은데도 불구하고 포도대장이 제때 즉시 체포하지 않았으며, 또 그 전에는 도적의 괴수인 김덕윤이 내통했다고 말한 개성부의 도적 세 명을 체포해 서울로 보내 왔으나 즉시 가두어 심문하지 않고 4,5일을 지체시키면서 따져 묻지 않았습니다. 이들이 수일 동안에 잇따라 죽었으니, 앞으로 어디에서 단서를 찾을 수 있겠습니까."

유희서 집안은 그의 아버지 대부터 높은 벼슬을 한 명문가인지라 사헌부에서도 유일의 말을 쉽게 무시할 수 없었다. 사헌부에서는 유일이 올린 고소장을 임금에게 보고하고, 옥사장을 비롯한 옥졸들까지 좀 더 철저하게 조사해야 한다는 장계를 올렸다. 이때 유일은 포도청으로 잡혀온 도적들이 아직 죽지 않고 살아 있으니, 그중 박삼석과 월대月代 등을 심문할 때 자신이 형장에 들어가 직접 심문하여 아비의 죽음을 밝히겠다고 하였다. 그러나 아무리 가족이라도 심문에 직접 참여하는 것은 있을

조선남녀상열지사

수 없는 일이었다. 결국 훗날 이 일로 꼬투리를 잡혀 포도대장 변양걸邊良傑은 유배를 가고, 유일도 변을 당한다.

유희서의 집을 습격한 무리　『실록』에는 죄인들이 고문을 견디지 못해 죽었는지 아니면 누군가에 의해 살해된 것인지 조사했다는 기록이 없다. 다만 모든 증거가 없어져서 유희서 살해 사건을 조사하기 어려우며, 이들의 죽음은 임해군이 사주한 것이라는 평만 나올 뿐이다. 임해군이 죄수들을 죽여 입을 막으려 했다는 것이다.

　박삼석이 포도청에서 고문당하며 조사를 받을 때 김덕윤과 애생이 공모해서 유희서를 죽였다고 말했으므로, 애생과 그녀의 집에 있는 종인 복금福今까지 잡혀 와 심문당했다. 그러나 애생과 김덕윤의 공모 사실을 발설한 박삼석은 형조로 이첩된 후 말을 바꾸어 자신이 말한 내용은 모두 설수에게 들은 것이라며 자신은 잘 모르는 일이라고 발뺌하고 죽은 사람에게 모든 책임을 미루었다. 애생이나 복금도 여러 번 고문을 당하면서도 공모한 사실이 없음을 거듭 강조하니 조사가 진척될 수 없었다.

　그러던 중 희한한 사건이 일어났다. 임해군의 집에서 부리는 노비 수십 명이 김덕윤의 시체를 끌고 유희서 집 안방까지 들어가 행패를 부린 것이다. 유희서의 어머니 김씨는 갑자기 아들을 잃은 데다 사건이 제대로 해결되지 않아 원통한 마음에 눈물로

쟁탈쟁탈

세월을 보내던 중 이런 봉변까지 당하게 되어 참담하기 그지없었다. 자초지종은 이러했다.

선조 37년(1604) 1월 13일 임해군 집의 종이라고 말하는 자 30여 명과 여인 3명이 김덕윤의 시신을 메고 집 안으로 들이닥쳐 유희서의 영정을 모셔 둔 곳에 집어던지며 말하기를 "유희서의 어미와 아내와 자녀들은 이 시신을 함께 먹으라"고 했다.

여자들이 놀라고 무서워서 어찌할 바를 모르고 우왕좌왕하면서 희서의 처와 며느리 등이 모두 대성통곡하며 집 밖으로 도망가려고 하였다. 그러자 그들이 김씨 부인의 머리채를 잡아끌고 밀고 차고 때리고 욕하며 유희서 처의 등을 때리려고 할 때, 마침 이웃 사람들이 몰려들어 말리는 바람에 맞아 죽는 것을 면하였다.

1차 습격에 실패한 그들은 다음 날인 14일 밤에 활과 화살을 가지고 칼을 든 자 40여 명으로 하여금 집을 포위하게 하여 김덕윤의 시신을 빼앗고는 "감히 집 밖으로 나오는 자가 있으면 반드시 죽일 것"이라면서 공갈 협박했다.

이때 임해군의 노비라고 스스로 말한 자들은 정달마鄭達亇·정업鄭業·벌여伐汝 등이었다. 사헌부 대사헌 박홍로朴弘老, 집의 윤수민尹壽民, 장령 남탁南晫, 지평 이순경李順慶·신율申慄은 우선 이들을 잡아다가 엄하게 다스려 달라고 하면서, 그들과 함께 집안 사람들을 놀라게 하고 협박한 자들을 모두 잡아다가 죄에 따라 처벌하여 나라의 국법이 지엄한 것을 알리고 김씨 부인의 원통함을 풀어 달라고 진정을 냈다.

얼토당토않은 판결   사건이 점점 커지자 선조도 어찌할
                         수 없어, 사헌부에서 올린 내용대로
처리하라고 하면서도 죄인들의 문초 내용을 모두 필사하여 올
리도록 했다. 그러면서 사건은 제대로 해결되지 않고 오히려 포
도대장 변양걸과 유희서의 아들인 유일이 죄를 받게 되었다.

　변양걸은 국법을 집행하는 자리에 민간인인 유일이 들어와서
직접 심문하도록 함으로써 말도 안 되는 내용을 날조하도록 하
여 조정의 권위를 실추시켰다는 죄로 관직을 빼앗기고 곤장을
맞은 후 유배되었다. 희서의 아들 유일은 법정에 난입하여 도적
들에게 거짓 증언을 받아 내어 왕자인 임해군을 도적으로 몰고,
아울러 아비의 애첩인 애생까지 죄를 씌워서 죽이려 했다는 혐
의를 받았다. 이는 나라의 국법을 어긴 중죄에 해당하여 사형에
처하는 것이 합당하나, 조부와 부친이 모두 나라에서 큰 벼슬을
한 재상의 집안인 데다가 그가 죽으면 집안의 대가 끊기니 곤장
을 친 후에 동래로 귀양 보내도록 지시하였다. 『실록』은 이 일
을 이렇게 기록했다.

　애생은 의주의 관창官娼으로 유희서의 첩이 되었는데, 임해군
　이 보고 좋아하여 드디어 간통하고는 덕윤을 시켜 노수盧守 등을

매수하여 희서를 죽였다. 그 아들 유일이 아비가 도적의 손에 죽은 것을 원통히 여겨 도당들을 몰래 염탐한 끝에 노수와 덕윤 등을 체포하여 아뢰었다. 그런데 그들이 심문도 하기 전에 모두 죽어 버렸고, 또 삼석 등이 금부에 도착했을 때에도 엄히 국문하지 않아 이 때문에 일이 다 어그러졌다. 그리하여 유일이 도리어 형신刑訊을 당하고 끝내는 멀리 유배되었다. 그 당시 왕자들의 교만한 행패와 국가 기강의 해이를 가히 알 수 있다. – 『선조수정실록』, 선조 37년 1월 1일

얼토당토않은 판결이었지만 임금의 명인지라 결국 변양걸과 유일은 모두 죄인이 되어 지방으로 귀양을 갔다. 증인은 옥에서 모두 죽고, 가장 가까운 피해 당사자인 아들까지 사라지자 사건 조사를 더 이상 진행하기 어렵게 되었다. 결국 애생과 복금, 박삼석과 월대 등은 증거 불충분으로 모두 풀려났다.

선조의 빗나간 자식 사랑   그해 2월 말 소나기가 온 후 무지개가 태양을 가로지르는 변괴가 일어났다. 하늘에 이상한 일이 일어나면 조정 중신들을 불러 놓고 견해를 들어 보는 관례에 따라, 선조는 대신들에게 이 변괴에 대한 느낌을 말해 보라고 하였다. 조정의 제일 높은 자리에 있는 영의정 이덕형李德馨이 말했다.

両家各生子提
孩巧相如少長
聚嬉戲不殊同

선조가 그린 사군자 중 난蘭과 죽竹(위). 선조의 어필御筆(왼쪽). 조선 14대 왕인 선조는 1552년 11월 11일 한성漢城 인달방에서 태어났다. 중종의 손자이며, 덕흥대원군德興大院君 초岾의 셋째 아들이었는데, 1567년 명종이 후사 없이 죽자 즉위하였다.

재위 중 임진왜란이라는 큰 전쟁을 치르고, 전쟁이 끝난 뒤에는 전후 복구사업에 힘을 기울였으나 흉년이 거듭되고 동인·서인의 당쟁이 격심해져 어려움을 겪었다. 죽기 직전 측근을 불러 계비인 인목왕후가 낳은 적자 영창대군을 보필해 달라는 유언을 남겼으나 뜻을 이루지 못하였다. 서화에 뛰어나 명나라 이여송李如松이 이를 알고 선조의 어필을 받기를 청하였으나 거절하였다고 전한다.

"대장 변양걸은 도적 잡는 책임을 맡고서 도리어 곤장을 맞고 유배되었으며, 임해군이 유희서의 어머니를 꾸짖고 욕보인 것은 인간의 도리에 있어 큰 변고인데, 사간원의 대간들은 전하의 판결이 너무 준엄하다 하여 서로 미루고 아무런 행동도 취하지 않고 있으니 매우 놀라운 일입니다."

이 말을 들은 선조는 버럭 화를 내며 말했다.

"영상은 변양걸이 도적을 잡은 것으로 죄를 얻었다 하니, 이는 임해군이 도적이라는 말이다. 또 양걸이 임해군을 모해하려 하지 않았다니 그렇다면 양걸이 임해군을 추존하려 했단 말인가. 모해하지 않았다면 마땅히 상을 주어야 하겠는가? 양걸이 한 나라의 대장이 되어서 권세 있는 집안을 두려워하여 사리는 돌보지도 않고 벌벌 떨면서 그들의 명령에 따라 한 나라의 왕자를 불측한 지경으로 얽어 넣고자 죄인들을 삼성교좌三省交坐(사간원, 사헌부, 형조가 함께 심문함)하게 하여 음해를 가한 것에 대해 상을 주어야 하겠는가 아니면 죽여야 하겠는가. 도적들에게 혹독한 매를 쳐서 거짓 자백을 하게 했다면 이것은 임해군을 모해하려고 한 것이 아닌가? …… 또한 죄인들을 국문할 때 내가 한 번도 시비를 말한 적이 없고, 스스로 의논하여 처리하도록 맡겨 두었는데, 유일의 부인의 호소를 보고 비로소 장차 후손이 끊어지는 것을 모면할 길이 없음을 알게 되었다. 그래서 그를 유배하도록 하고, 양걸도 죄를 줄여서 유배를 보낸 것이다. 나는 마음속으로 대신들이 반드시 양걸을 베라는 요청을 할 것이라 여겼는데, 이제 도리어 이런 말이 있으니 또한 괴이하지 않은가. 대간이 무슨 죄가 있는가."

사태의 심각성을 알아차린 이덕형은 즉시 영의정 자리에서 물러나겠다는 사직서를 제출했고, 선조는 그 자리에서 사표를 수리했다. 『선조실록』을 편찬한 사관들은 이 일을 이렇게 평했다.

임해군 진琿은 교만하고 음란한 짓을 멋대로 하여 불의한 짓을 많이 저질렀다. 유희서는 재상의 자리에 있는 사람인데도 도적을 시켜 살해했고 그의 어머니는 나라에서 작위를 받은 여인인데도 모욕을 가했으니, 왕법이 시행되었다면 당연히 형장을 받았을 것이다. 그러나 선조의 총명으로도 오히려 사사로움에 빠져 그의 악을 모르고 죄 주지 않았을 뿐 아니라, 형벌이 도리어 도적을 잡는 책임을 맡은 포도대장에게 미치게 했다. 그리하여 임해군 진으로 하여금 횡포를 부려도 아무도 막을 사람이 없고, 악을 행해도 징계 받는 일이 없게 만들었으니, 이는 실로 선조의 실덕失德이 아닐 수 없다.

이덕형은 자신이 영의정이라는 수상首相의 자리에 있었기 때문에 이런 말을 한 것이니 나라의 대신으로서 임금의 잘못을 바로 잡아야 한다는 체통을 세운 것이라 하겠다. 그런데 선조께서 도량이 넓지 못해 갑자기 노여워하는 빛을 보여 엄한 비답을 내리고 잇따라 영상을 내쫓았으니 자식을 바른 방법으로 가르치는 도리에 어긋났고, 대신을 공경하는 예의에서도 끝맺음을 잘하지 못

71

쟁탈爭奪

임해군의 묘. 임해군은 선조의 맏아들로 태어났으나 성질이 난폭하고 인심을 얻지 못해 세자의 자리에 오르지 못했다. 1608년 선조가 승하하자 명나라에서 임해군을 즉위시키려 했고 일부 대신들도 이에 동조했으나, 동생 광해군에 의해 진도로 유배된 후 강화의 교동에 옮겨져서 이듬해 사사賜死되었다.

했으니 애석함을 금할 수 없다.

임해군은 그 뒤로도 온갖 행패를 부렸고 그로 인해 세자가 되지 못했으며, 동생 광해군이 임금이 된 후 결국 죽임을 당하고 말았다. 선조는 임해군이 온갖 불륜과 패악을 저질러도 감싸고 돌았다. 임해군은 끝까지 나쁜 버릇을 고치지 못하고 비참하게 생을 마감했으니, 이 모든 것은 선조의 비뚤어진 자식 사랑이 낳은 결과였다.

패륜 悖倫

아들이 어머니에게 보낸 연애편지

처첩 갈등으로 풍비박산 난 남효문 가문

사간원이 아뢰기를 "이미 세상을 떠난 전 영산현감 남효문이 아들이 없어서 동성同姓의 족질族姪 남순보南舜輔를 수양아들로 삼아 집에 드나들게 했습니다. 남효문의 아내가 겉으로는 수양아들이라 하면서 속으로 음탕한 욕심을 품어 한곳에서 침식을 하며 몰래 서로 간통하기를 오랫동안 계속하여 자못 추한 소문이 퍼지게 되었지만 남효문만 알지 못했습니다. …… 남효문이 실정과 상황을 다 알고는 분개해서 화를 견디지 못하여 그의 어미와 함께 통곡하다가 독한 소주燒酒를 지나치게 마시고 드디어 스스로 죽고 말았습니다. 이 일은 강상을 어지럽힌 변고로 이보다 클 수 없습니다. …… 남효문의 아내와 수양아들 남순보를 즉각 잡아다 가두고 추문하게 하소서."

- 「중종실록」, 중종 29년 5월 10일

중종 29년(1534) 5월 10일 아침, 경상도 창녕의 영산현감 남효
문南孝文이 홧김에 독한 소주를 너무 많이 먹고 죽었다는 보고
가 의금부를 통해서 임금에게 올라갔다. 그 뒤를 이어 곧바로
남효문이 영산현감 자리에서 물러나고 싶다며 올린 사직서가
올라왔다. 부인이 저지른 부정을 알고 집안을 제대로 다스리지
못하는 사람이 공직에 있을 수 없다며 죽기 전에 써서 올린 것
이 그제야 도착한 것이었다.

남효문의 기막힌 죽음   남효문은 아내가 수양아들과 간통
하여 추한 소문이 널리 퍼졌는데도
혼자 모르고 있다가 뒤늦게 그 사실을 알았다. 그 일로 홧김에
소주를 너무 많이 마셔 죽음에까지 이르렀다니 얼마나 큰 충격
을 받았을지 짐작할 만하다.

남효문은 사족이었지만 재주가 뛰어난 사람은 아니었다. 영산
현감을 지낸 후 경직京職으로 올라와 중종 25년(1530) 감찰監察
에 임명되었으나, 경력과 능력이 부족하다는 이유로 사간원에서
탄핵하는 상소를 올리는 바람에 승진하지 못하고 계속해서 종4
품의 말단 무관인 의금부 경력經歷으로 있다가 중종 28년(1533)
12월 다시 영산현감으로 승진되어 내려갔다.

사건은 남효문이 두 번째로 영산현감이 된 이듬해 4월 25일에
일어났다. 효문이 양아들 남순보가 아내 소옥小玉에게 보내는

편지를 열어 보았는데, 온통 음탕하고 더러운 말들로 가득했다. 놀란 효문이 편지를 놓고 늙은 어머니와 함께 앉아 아내를 불러다가 추궁했는데, 아내가 실상을 속이지 못하여 대답을 잘 못해 말이 막히는 것이 많았다. 효문은 그동안 속고 살아온 것이 너무 분한 나머지 화를 견디지 못하여 "집안이 망하려니까 이런 일이 다 생긴다"고 탄식하며 어머니와 마주 잡고 대성통곡하다가 소주를 지나치게 마시고 죽었다.

사족의 여인이 살아 있는 남편을 배신하고 아들과 통간한 것은 도저히 용서받을 수 없는 대죄 중의 대죄였다. 게다가 그 일로 조정의 관리가 죽음에 이르렀으니, 나라의 법도를 어지럽힌 큰 사건이었다. 중종은 즉시 자세히 조사하여 관련된 죄인을 모두 의금부에 가두고 심문하여 공초供招(죄인이 범죄 사실을 진술하는 것)를 받으라고 지시하였다. 그런데 본격적인 수사가 진행되면서 드러난 사실들은 처음에 의금부에서 올렸던 것보다 훨씬 더 복잡하고 애매했다.

다 큰 양자를 살뜰히 챙기는 계모

남효문은 뛰어나게 총명하거나 정치적 능력이 대단하지는 않았지만, 다른 사람에게 손가락질 받지 않고 살 만큼의 학식과 인품을 갖춘 사람이었다. 부모에게 물려받은 재물도 넉넉해 사족으로서 살아가는 데 별 문제가 없을 정도로 풍족한 삶을 영위했다. 그런데 열여덟 살 되던 해에 양가 규수 소옥과 결혼했으나 어찌된 일인지 두 사람 사이에는 아이가 생기지 않았다. 4~5년이 지나 도 자식이 생기지 않자 대가 끊길 것을 염려한 어머니의 권유로 개질동介叱同이란 여성을 첩으로 들여 아들 하나를 낳았다. 첩의 몸에서 아들을 본 후에도 효문은 정처正妻에게서 아들을 얻으려 고 부단히 노력했다. 하지만 소옥에게는 아이가 생길 기미가 보 이지 않았다.

그 와중에 소옥이 낯 뜨거운 추문에 휩싸였다. 소옥이 집안의 나이 어린 사내종과 간통하였다는 소문이 노비들 사이에 퍼져 효문의 어머니 귀에까지 들어간 것이다. 효문의 어머니는 이 사 실을 아들과 상의하고 소옥을 방으로 불러 사내종과 간통한 사 실이 있는지 따져 물었다. 소옥은 그런 일은 절대 없다고 펄쩍 뛰며 손가락을 잘라서라도 결백을 증명하겠다고 울부짖었다. 그 러더니 정말로 부엌으로 들어가 식칼을 들고 나와 왼쪽 새끼손 가락을 자르려고 하는 것이 아닌가. 소옥의 손가락이 절반쯤 잘 려 나가 피가 사방으로 튀면서 온 집안이 난리가 났다. 효문과 그 어머니는 소옥의 결백을 믿고 그 뒤로는 그런 말을 입 밖에 내지 않았다. 이 사건이 일단락된 후, 남효문은 아들에 대한 미 련을 접지 못해 양자를 들이기로 마음먹었다.

남효문이 아들에 집착한 이유는 신분이 낮은 첩에게서 얻은 자식은 종모법從母法에 따라 양반이 될 수 없었기 때문이다. 마 침 효문의 동생이 아들을 셋이나 두었으니, 그중 둘째아들인 순보를 양아들로 맞아들이기로 했다. 효문의 동생도 선선히 아들을 내주겠다고 했다.

남효문은 중종 24년(1529) 순보를 양아들로 들였다. 이때 효문은 이미 마흔이 되어 중년의 나이에 접어들었고, 소옥은 30대 중반을 갓 넘겼으며 수양아들 남순보는 열여덟의 다 큰 어른이었다. 순보는 몸채가 우람하고 허우대가 말끔하며 행동이 매우 어른스러워 스물을 넘긴 어른으로 보는 이도 있었다.

아들이 생기자 누구보다 좋아한 사람은 바로 소옥이었다. 대를 이을 아들을 낳지 못했다는 죄책감에서 벗어날 수 있었기 때문이다. 정처로서 자식을 낳지 못하는 것은 보통 큰일이 아니었다. 더구나 첩으로 들인 개질동이 아들을 낳았으니 소옥의 고민은 더욱 깊었다. 그 와중에 번듯한 양반 신분의 양아들이 들어오면서 불안하기만 하던 정실부인 자리가 탄탄해졌다. 반대로 이미 효문의 아들을 낳은 첩실 개질동의 자리는 불안해졌으니 이것이 화근이었다.

순보를 아들로 들인 후 소옥은 유난스럽게 순보를 가까이 두고 자신이 낳아 기른 자식처럼 살뜰하게 대했고, 효문과 그 어미는 그런 모습을 대견스럽게 지켜보며 매우 흐뭇해 했다. 장성한 아들을 얻어 집안의 대를 이어 갈 수 있게 된 효문 역시 기분이 좋아 동네 사람들을 불러 잔치도 벌이고, 노비들에게 넉넉하게 은자銀子(은돈)를 지급하는 은혜를 베풀었다.

순보는 집안 사정을 익히며 맏아들의 역할을 충실히 하고, 가

패룡悖倫

끔 시간이 날 때면 친부모에게 다녀왔다. 순보를 끔찍하게 아끼는 소옥은 순보를 자기 방으로 불러 밥도 같이 먹고, 효문이 일때문에 늦게 들어오거나 집을 비우기라도 하면 방으로 불러서잠도 함께 잤다. 소옥이 장성한 아들 순보를 아이 취급하며 침식을 함께 했지만, 두 사람은 어머니와 아들 사이였기 때문에한 방에서 잔다고 해서 어느 누구도 이상하게 보지 않았다. 효문의 어머니도 자식을 낳지 못해 적적해 하던 소옥이 순보에게정을 붙이고 가정을 잘 꾸려 나갈 것이라고 기대하며 전혀 의심하지 않았다.

첩 개질동의 의심과 계략　　소옥과 순보의 관계를 가장 먼저 수상하게 여긴 사람은 첩 개질동이었다. 아들을 낳았으되 첩이라는 신분 때문에 소외감을 느끼던 개질동은, 남효문이 조카를 양아들로 들여와 대를 잇게 하니 불만이 이만저만이 아니었다. 개질동은 집안에서 한 명이라도 더 자기편을 만들려고 평소 가까이 지내던 남효문의 누이 남은대南銀臺에게, 순보와 소옥의 관계가 수상하다고 슬쩍 흘렸다. 이후두 사람은 순보와 소옥의 패륜 현장을 잡기 위해 눈을 부릅뜨고감시했다. 하지만 패륜 현장을 잡는 것은 쉬운 일이 아니었다.은밀한 안방에서 이루어지는 일인지라 심증은 있어도 물증을잡기가 여간 어렵지 않았다. 소옥과 순보는 어머니와 아들 사이

조선 후기 춘화. 봄날 발이 드리워진 방 앞 댓돌 위에 남녀 한 쌍의 신발이 다소곳이 놓여 있다.
방 안에서 남녀가 어떤 일을 벌이고 있는지 엿보는 사람의 시선이 느껴지는 그림이다. 조선시대
춘화 중에는 이처럼 남녀의 성애 장면을 직접 묘사하지 않고, 종달새나 폭포 따위로 은유적인 암
시만 주어 서정적인 분위기를 연출한 것들이 많다.

였기 때문에 자칫 잘못하다가는 도리어 자신들이 이상한 사람으로 몰릴 수 있었다.

소옥과 순보가 수상한 관계를 유지한 지 3년여가 지난 중종 28년(1533) 여름, 개질동과 남은대는 다른 방법을 모색했다. 현장을 잡는 것이 어렵다고 판단한 남은대는 아들 우치홍禹治洪을 통해 여러 친척들에게 소문을 내고, 자기 집 노비 돌석乭石에게도 마을에 소문을 내라고 시켰다. 개질동도 조카 남오을미南吾乙未와 계집종 공덕孔德에게 널리 소문을 내라고 시켰다. 그리고 남은대는 외삼촌 정세준鄭世俊을 만나 직접 소문을 전하였다. 남은대의 이야기를 들은 정세준은 펄쩍 뛰었다.

"세상에 어찌 이런 일이 있단 말인가? 이 일은 나라의 근간을 흔들 수 있는 중대한 사건이다."

정세준은 남효문의 이종 6촌 형제이자 자신의 조카인 사헌부 지평 정종호鄭從濩를 불러 의논했다.

"내가 소문을 들으니 남효문의 아내 소옥이 추잡한 행동을 한다고 한다. 그러니 남효문의 어머니로 하여금 불효했다는 구실로 예조에 고하여 이혼을 시키는 것이 좋지 않겠느냐?"

정종호는 신중한 태도로 한 발 물러섰다.

"이것은 첩이 있는 집의 일이니 눈으로 본 것도 아닌데 어찌 다 믿을 수 있겠습니까? 혹시 그런 일이 있었다 하더라도 지아비인 남효문이 있는데, 이와 같은 큰일을 어찌 지아비에게 알리지도 않고 갑자기 처리할 수 있겠습니까?"

정세준은 그렇다면 자신이 남효문에게 이 일을 직접 알리겠다고 했다. 정세준과 헤어진 정종호는 이 괴이한 일을 사헌부 동료들에게 털어놓았다. 친구들이 "그 가문의 일을 들은 바가 있는가?" 묻자, 정종호는 "남효문이 비록 6촌 간이기는 하지만 평소 왕래하는 일이 많지 않아 잘 모른다. 이 일은 다만 아저씨인 정세준의 말을 들었을 뿐"이라고 대답했다. 정세준이 한 이야기는 모두 남은대에게서 나온 것이므로, 정종호가 그 말에 호응하지 않은 것은 현명한 처신이었다.

이렇게 소문이 날 만큼 났지만 정작 당사자들인 소옥과 순보, 남효문은 이 사실을 까맣게 모르고 있었다. 그러는 사이에 남효문이 경상도 창녕의 영산현감으로 부임하여 가게 되었다. 서울에서 너무 먼 곳이고 서울 집도 비워 둘 수 없어 효문 내외와 어머니, 노비들 몇 명만 영산으로 내려가기로 했다. 효문이 지방으로 내려가면서 소옥의 일을 효문에게 알려 이혼시키려던 정세준의 계획이 어그러졌다. 남은대는 외삼촌 정세준이 정종호 등을 움직여 남효문과 소옥을 이혼시키고 수양아들을 쫓아내면 개질동과 함께 그 집 재산을 어찌해 볼 심산이었는데, 일이 생각대로 잘 풀리지 않자 새로운 계략을 생각해 냈다.

뒤바뀐 편지

남효문이 영산으로 내려간 후 서울에서 순보의 생활을 감시하던 개질

동은 영산에 있는 소옥과 서울에 있는 순보가 편지를 주고받는
다는 사실을 알게 되었다. 거리가 워낙 멀어 오고 가는 데 시간
이 걸리니 자주는 아니더라도 한 달에 한 번씩은 편지를 주고받
는 모양이었다. 개질동과 남은대는 이 편지를 이용하기로 했다.

개질동은 서울에서 편지를 가지고 내려가는 사내종 연석延石
을 불러 여러모로 위로하며 상당한 돈을 쥐어 주었다. 처음에는
어리둥절해 하던 연석도 적지 않은 돈이 주머니에 들어오자, 시
키는 일은 무엇이든 하겠다며 충성을 맹세했다. 일이 술술 잘 풀
렸다. 개질동은 연석에게 무슨 일이든 자신에게 먼저 보고하라
고 했다. 며칠 후 연석이 순보가 소옥에게 보내는 것이라며 편지
를 가져왔다.

개질동은 순보가 쓴 편지를 없애 버리고, 황당할 정도로 음란
한 말들을 적어 넣고 오래전부터 사귀어 온 두 사람이 사랑하면
서도 헤어져 있을 수밖에 없어 애타게 그리워하는 내용으로 채
워 넣은 편지를 겹겹으로 봉한 후 건네주었다. 그리고 연석에게
이르기를 편지를 영산으로 가지고 가서 여종 흔비欣非에게 주되
'이번 편지는 마님께 오는 편지가 아니니 어르신께 드리라'고 전
하게 했다. 흔비는 순보의 일을 비교적 소상히 알고 있는 여종
으로 연석이 가져간 편지를 늘 소옥에게 전하던 아이였다. 아무
런 영문을 모르는 흔비는 연석이 가져온 편지를 남효문에게 가
져다 주었다.

편지를 전해 받은 효문은 무슨 편지이길래 이렇게 겹겹이 싸

고 봉했을까 의아해 하며 뜯어서 읽어 보았다. 한글로 쓴 편지는 온통 음란한 말로 채워져 있었다. 너무 놀란 남효문은 흔비를 불러 어떻게 된 일인지 물었다. 흔비는 서울에서 온 연석이 편지를 영감마님께 갖다 드리라고 하여 그리 한 것뿐이라고 하였다.

남효문은 어머니에게 편지를 보여 주고 상의한 다음 흔비를 잡아 와 곤장을 치며 심문했다. 흔비는 아무것도 모른다고 끝까지 버티다 곤장을 맞아 죽고 말았다. 남효문은 흔비를 밤에 몰래 산속에 암매장하고, 하인들에게는 모든 일을 흔비에게 돌리라는 엄명을 내렸다.

남효문은 소옥을 불러 캐묻고 싶었으나, 과거 나이 어린 남자 종과 음란한 행동을 했다는 소문이 있었을 때 손가락을 자르면서까지 결백을 주장했던 일이 있어 섣불리 행동할 수 없었다. 사실이 그렇다 해도 딱 잡아뗄 것이 분명하기 때문에 이러지도 저러지도 못한 채 망연자실 앉아 있기만 하였다.

남효문은 우선 자신은 부덕不德하여 현감이라는 나라의 중책을 맡을 수 없다는 상소를 써서 서울로 보내고, 식구들을 데리고 서울로 올라가기로 마음을 먹었다. 서울에 올라온 남효문은 순보를 불러 물어보기도 하고, 개질동에게도 이것저것 물어보았으나 모두 잘 모르는 일이라고 답하였다. 의심은 가지만 별다른 것을 알아내지 못한 남효문은 마음도 답답하고 기분도 울적하여 5월 8일 저녁 어머니와 마주 앉아 집안 걱정을 하다가 치밀어 오르는 화를 참지 못하여 독한 소주를 연거푸 열 잔 넘게 마시고 그 자리에 쓰러져서 일어나지 못한 채 죽고 말았다.

사직서가 도착하여 처리되기도 전에 당사자인 남효문이 사망했으니, 의금부에서는 사실대로 아뢰는 길밖에 뾰족한 도리가 없었다. 의금부에서는 대강 조사를 하여 사간원 간원을 통해 중종에게 보고했다.

의금부로 끌려온 증인들 　사족의 아내가 수양아들과 간통하고, 그 일로 인해 조정 관리가 죽었으니 보통 큰 사건이 아니었다. 중종은 즉시 자세히 조사하여 관련된 죄인들을 모두 의금부에 가두고 심문하라고 지시했다. 5월 10일 의금부 도사들이 남효문의 집으로 가서 종들을 모두 잡아갔다. 이때까지만 해도 남효문의 동생인 남은대에게 별 혐의를 두는 사람은 없었다. 남은대가 이 일과 관련이 있다는 사실은 우연찮은 일로 세상에 알려졌다.

남효문의 노비들이 잡혀갈 때 옆집에 살던 이조참판 심언광沈彦光이 이를 보고, 무슨 일인가 싶어 효문의 집 노비를 시켜 효문의 어머니에게 물어보았다. 그랬더니 효문의 노비 하나가 나와 노부인의 말이라며 전하기를 "우리 며느리가 외람된 짓을 저질렀는데, 의금부에서 종들을 잡아갔으니 아울러 나도 그렇게 되지 않겠는가? 잡아가지는 않더라도 서면으로 심문할 텐데 어떻게 대답해야 할지 모르겠다"고 하더라는 것이었다. 그런데 이 상하게도 그 말을 전하는 종의 낯빛이 매우 기쁜 듯하여 심언광 은 속으로 참 괴상한 일도 다 있다고 생각했다.

그 뒤 의금부에서 나온 조사관이 남효문의 어머니를 문초하고 갔다는 말을 듣고 심언광이 다시 먼젓번 종을 불러 물었다.

"의금부에서 나온 조사관이 무슨 일 때문에 왔고, 너희 상전 은 무엇이라고 대답했느냐?"

종은 그것은 비밀이어서 미처 듣지 못했다고 대답했다. 다음 날 심언광은 남효문 집의 또 다른 계집종을 불러 효문의 어머니 에게 지난번 며느리가 외람된 짓을 했다고 하였는데 도대체 무 슨 일인지 물어보라고 했다. 그랬더니 효문의 어머니가 자기는 그런 말을 한 적이 없다고 하는 것이 아닌가. 이상하게 생각한 심언광이 어제 심부름을 시켰던 종을 다시 찾아서 너의 큰 상전 이 하지도 않은 말을 어찌하여 꾸며서 말했느냐고 다그치자, 그 종은 제대로 대답하지 못했다. 다른 노비들에게 물어보니 그 종 의 이름은 돌이乭伊이고 남은대의 남편인 우윤禹綸의 집 노비라 했다. 남은대가 심언광이 조정 대신인 것을 알고 자기 노비를 시켜 어머니의 말인 양 꾸며 거짓으로 말하게 하여, 소옥의 간 통 사건을 기정사실로 만들려 했던 것이다.

그리하여 남은대를 포함하여 간통 사건과 관련된 용의자와 증인들이 모두 의금부에 잡혀 왔다. 소옥과 순보는 물론이고, 개질동, 남오을미, 우치홍, 공덕, 연석, 돌석까지 모두 의금부로 압송되었다. 흔비는 행방이 묘연하여 잡아 오지 못했다. 흔비를 찾기 위해 전국에 수배령을 내렸지만, 효문에게 곤장을 맞다 숨진 아이를 무슨 수로 찾아오겠는가?

중요한 증인인 남효문의 어머니는, 혈족의 죄는 덮어 두고 들춰 내지 않는다는 나라 법이 있는 데다가, 아들이 죽은 마당에 그 어머니를 심문하면 그것 또한 윤리에 어긋나는 일이 되므로 서면으로 조사하여 증인으로 삼는 정도로 그쳤다.

사헌부의 반발

이 사건은 어머니와 아들의 간통이라는 사실만으로도 충격적인데, 이로 인해 사족이 목숨을 잃었으므로 쉽게 처리할 사안이 아니었다. 또한 조사 과정에서 남효문의 이종 6촌 형제인 사헌부 지평 정종호가 소옥의 범죄를 미리 알고 있었다는 사실이 드러나면서 조정에까지 큰 파장을 몰고 왔다.

정종호는 진작 이 사실을 알고 있었으면서도 사헌부 간원으로서 아뢰지 않은 잘못이 있다고 하여 탄핵을 받았다. 한데 정종호를 옥에 가두고 심문하려고 하니 사헌부 동료들이 크게 반발하고 나섰다. 정종호가 정세준에게 들은 이야기를 의논할 때 은밀한 규중의 일이니 함부로 말하지 않는 것이 좋겠다고 조언했던 사헌부 동료들이, 자신들도 그 말을 듣고 보고하지 않은 잘못이 있으니 함께 처벌하라며 정종호를 두둔하고 나선 것이다. 사헌부 관헌들의 반발에 중종은 일이 너무 크게 번질 것을 염려하여 재빨리 사태 수습에 나섰다.

"내가 정종호를 가두라고 한 것은 그가 한 말이 이미 의금부에 가서 진술한 것인 줄 알고 그랬다. 나도 처음부터 그것이 잘못되었다는 것을 알고 있었으므로 너희들은 너무 심려하지 말고 하회下回를 기다리도록 하라."

하마터면 정종호에게까지 불똥이 튈 뻔했지만, 사헌부 동료들 덕분에 그 정도로 마무리되었다.

허무한 결말

조사가 진행되면서 문제의 초점은 소옥의 간통 사건에서 남은대의 죄를 논하는 것으로 옮겨 갔다. 남은대가 어머니의 말을 빙자하여 조정 대신에게 거짓말을 하여 판단을 흐리게 한 죄를 물은 것이다.

소옥과 순보의 간통은 확실한 증거를 찾을 수 없고, 또 두 사람의 관계를 잘 알고 있을 만한 집안의 노비들이 모두 흔비라는 계집종에게 책임을 돌렸기 때문에 조사가 지지부진할 수밖에 없었다. 또 효문의 첩 개질동이 매를 맞는 고문을 당하면서도 끝까지 죄를 자백하지 않았기 때문에 사건 해결이 더욱 난망이었다.

결국 소옥과 순보의 간통은 그냥 덮어 두는 것으로 정리되었다. 확실한 증거도 없고, 증인들이 모두 말을 꾸며서 만들어 낼

가능성이 높은 사람들뿐이니 증언을 믿을 수 없다는 이유였다. 반면 남은대는 어미의 말을 거짓으로 꾸며 한 집안의 며느리를 모함하려 했다는 죄는 피할 수 없으나, 그동안 심문을 받으며 온갖 고초를 겪었고 사대부 부녀자에게 곤장을 치는 것은 바람직하지 못하므로 특별한 형벌을 내리지 않고 벌금으로 대신하도록 했다. 개질동도 네 차례나 형문을 당했으니 그것으로 대신하고 방면하도록 했다.

온 나라를 떠들썩하게 만들었던 남효문의 죽음과 소옥·순보의 간통 사건은, 확실한 증거가 없다는 이유로 흐지부지되었다. 조정을 발칵 뒤집었던 사건치고는 너무 허무한 결말이었다. 사실 이 사건은 처음부터 개질동과 남은대가 만들어 낸 실체가 불분명한 소문에서 시작된 일이었으므로, 어찌 보면 당연한 결과였다.

아들이 없는 집안에 첩으로 들어와 남편과 시어머니의 소원대로 아들을 낳았으나 신분의 굴레에서 벗어날 수 없었던 개질동은 자신의 처지가 너무 억울했을 것이다. 비록 첩의 몸에서 났다 하더라도 개질동의 아들은 분명 남효문의 핏줄이었다. 그럼에도 양자를 들여 대를 잇게 하였으니 개질동으로서는 배신감을 느낄 만했다.

소옥은 어땠을까? 소옥에게 개질동과 아들은 위협적인 존재였다. 비록 그 아들이 양반이 될 수는 없다 할지라도 엄연한 남효문의 핏줄이었고, 그 아들을 구실로 개질동을 정처로 삼을 수

도 있는 일이었다. 아들을 낳지 못한 소옥의 처지는 바람 앞의
등불과 같았다. 이런 소옥에게 양자 순보는 반석과 같은 기초를
놓아 준 고마운 존재였다. 순보를 양자로 들임으로써 개질동과
소옥의 신분과 장래는 확실하게 정리되었다.

　순보의 등장으로 개밥의 도토리 신세가 된 개질동이 불안감
과 초조함으로 애간장을 녹이고 있을 때 순보와 소옥의 남다른
행동을 목격했다면, 당연히 이것을 빌미로 상황을 반전시키고자
했을 터이다. 개질동은 시누이 남은대와 함께 순보와 소옥의 패
륜 현장을 잡으려 3년간이나 조바심을 쳤다. 하지만 순보와 소
옥은 어머니와 아들 사이였고, 또 그들이 거처하는 곳은 은밀한
안방이어서 물증을 잡기가 쉽지 않았다. 하지만 아무리 그렇다
해도 3년이라는 결코 짧지 않은 기간 동안 두 사람의 간통을 증
명할 어떠한 꼬투리도 잡을 수 없었다면, 순보와 소옥의 사이는
모자 관계 이상이 아니었을 수도 있다.

　어쨌든 개질동은 포기하지 않았고, 소문을 이용해 순보와 소
옥을 곤경에 빠뜨리려고 했다. 하지만 조선시대 형벌제도는 그
리 호락호락하지 않았다. 분명한 물적 증거가 있어야 하고, 자
백을 받아 내지 못하면 아무리 심증이 있다 할지라도 함부로 벌
을 주지 않았다. 이 사건은 첩이라는 신분의 한계를 극복하고자
했던 한 여인의 과욕이 불러온 불행이었다. 다만 소옥이 남효문
의 추궁에 왜 명확한 답변을 하지 못했을까 하는 의문은 남는
다. 과거 비슷한 일로 곤경에 처했을 때 자신의 손가락을 잘라

가면서까지 결백을 주장했던 소옥이 아니던가. 비록 두 사람의
관계를 증명할 어떤 증거도 나오지 않았지만, 소옥과 순보의 관
계에 의심을 품게 만드는 장면이다.

아내에 대한 배신감과 수치심을 이기지 못하고 죽음을 맞이한
남효문, 하지만 그가 알고 싶어 했던 사건의 진실은 끝까지 의문
으로 남고 말았다.

온 나라를 발칵 뒤집어 놓은 희대의 패륜아
어머니를 감금하고 서모와 도망친 오여정

노비를 죽이고, 어미를 감금하였으며, 아비의 첩을 데리고
도망한 강상綱常죄인 오여정이 이미 도망하였다고 하니 각처
의 사찰과 마을을 뒤져서 체포하라는 전지를 각 도에 내리
는 한편 서울 안도 수색하고, 나머지 자세한 절차는 의금부
가 마련해서 아뢰도록 하라.

　　　　　　　　　　　　　　　- 『중종실록』, 중종 31년 3월 7일

중종 31년 관찰사 윤안인尹安仁이 올린 장계狀啓를 받고 크게 노한 중종이 승정원에 내린 전교이다. 아버지의 상중에 어머니를 감금하고 서모庶母와 함께 도망한 오여정의 패륜 사건은, 천륜을 배반한 끔찍한 사건이었다. 2년 전 온 나라를 떠들썩하게 한 남효문 사건의 기억이 채 가시기도 전에, 또다시 이런 일이 벌어지자 중종은 큰 충격을 받았다. 중종은 천하에 패역무도한 인간을 하루빨리 잡아서 능지처참하라는 엄명을 내렸다.

골칫덩이 외아들   오여정은 충청도 황간현黃澗縣에 사는 오찬吳瓚의 아들로 태어났다. 오찬은 고려 말에 낙향한 사족의 후예로 학식이 꽤 높고 모아 놓은 재산도 상당히 많아서 지역에서 꽤 영향력을 행사하는 유지였다. 그의 집안은 대대로 자손이 귀해 외아들로 대를 이었는데, 오찬 대에 와서도 정실부인에게 겨우 아들 하나를 얻은 후 다른 자식을 보지 못했다. 그 아들이 바로 여정이었다.

오찬은 애지중지 키운 아들이 열네 살이 되자 아버지 때부터 친분이 두터웠던 서울의 명문대가 집안인 이세인李世仁을 찾아가 사돈을 맺자고 제안했다. 이세인은 오찬의 아버지와 친분이 두터웠던 것을 고려하여 열네 살이 된 막내딸을 여정에게 시집보냈다. 이때가 중종 16년(1521)이었는데, 당시 이세인의 아들 이항李沆은 이미 출사하여 형조참판刑曹參判의 벼슬에 올라 있었다.

명문가의 사위가 된 오여정은 다음 해 6월 서울로 올라왔고, 처남 이항의 추천으로 과거시험도 보지 않고 예종의 왕비인 장순왕후章順王后의 능을 지키는 공릉참봉恭陵參奉 직을 받았다. 그러나 나이가 너무 어리다는 이유로 사간원에서 불가하다고 하여, 처가 신세를 지며 한량으로 어영부영 세월을 보냈다. 그러다 스무 살 되던 해에 다시 이항의 천거로 벼슬길에 나갔으니, 그가 처음 받은 관직은 사재감참봉司宰監參奉이었다. 사재감참봉은 궁중에서 사용하는 어류魚類·수육獸肉·식염食鹽·연료·횃불 등과 지방에서 올라오는 진상물을 관리하는 사재감의 책임자로, 권력은 없지만 돈이 될 수 있는 여러 종류의 재물이 오가는 데다가 작지作紙(문서를 꾸미는 데 쓰이는 종이 값으로 세금에 덧붙여서 받는 부가세의 일종)를 유용할 수 있어 재산을 모으기에는 더 없이 좋은 자리였다. 여정은 이때 상당히 많은 양의 작지를 빼내고, 나라의 창고에 있는 여러 물건들을 마음대로 팔아 배를 불렸다.

여정은 2년 뒤 관리들의 녹봉에 관한 사무를 맡아보던 관청인 광흥창廣興倉 부봉사副奉事로 옮긴 뒤에도 작지를 마음대로 착복했으며, 말을 잘 듣지 않는다는 이유로 광흥창 관사에 있는 종의 아내와 아들을 때려 죽이기까지 했다. 나라의 재물을 마음대로 쓰고 사람까지 죽게 만들었으니 사헌부 감찰에 걸리지 않을 수 없었다.

사헌부에서 임금께 상소를 올려 오여정을 당장 감옥에 가두고 국문하라고 건의했다. 이때가 중종 25년(1530) 8월로 오여정의 나이 스물세 살이었다. 이 일로 의금부로 잡혀간 오여정은 착복한 재물과 돈을 혼자 취한 것이 아니라 다른 관리들과 함께 공금으로 사용했다고 버텼고, 그 바람에 함께 근무했던 사람들까지 심문을 받게 되었다. 조사해 본 결과 오여정이 잘못한 것은 사실이나 착복한 재물을 모두 빼돌린 뒤였고, 다른 사람들도 조금씩 받아 쓴 것이 확실하므로 큰 벌을 내리지 못하고 삭탈관직하여 이듬해 봄에 고향으로 돌아가도록 조치하였다.

아들보다 어린 양어머니   아버지 곁으로 돌아온 여정은 서울에서 모아 온 재산으로 고향 황간의 산기슭에 큰 집을 짓고 거들먹거리며 왈패들과 어울려 하루하루를 보냈다. 아버지 오찬은 하나밖에 없는 아들이 서울에서 출세하지 못하고 부패한 관리가 되어 쫓겨 내려오자 낙심이 이만저만이 아니었다. 여정을 불러다가 타일러 보기도 하고 협박도 해 보았지만, 이제는 성인이 된 데다 놀고먹는 것에 재미를 붙여 아비의 말을 귓등으로도 들으려고 하지 않았다.

고민에 고민을 거듭하던 오찬은 여정을 포기하고 첩을 들여 아들을 하나 더 낳아 다시 한 번 잘 길러 보겠다는 쪽으로 생각을 바꾸었다. 부인과 상의하여 수소문해 보니 적당한 처녀가 한 명 있었다. 몰락한 사족의 딸로 황간현 깊은 산골에서 홀어머니를 모시고 사는 스물두 살의 돌지乭之라는 처녀였다. 오찬은 끼

니를 잇지 못할 정도로 가난한 돌지의 어머니에게 벼 열 섬을 수
확할 수 있는 논을 주고 돌지를 첩으로 맞이했다.

제대로 먹지 못하고 입지 못한 상태에서 보았을 때는 잘 몰랐
으나, 집에 데려와서 잘 먹이고 잘 입힌 다음 보니 경국지색傾國
之色은 못 되더라도 한 남자의 혼을 빼고 남을 정도로 요염하고
어여쁜 여자였다. 아들을 얻으려고 들인 첩이지만 젊고 아름다
운 모습에 빠져 오찬은 돌지의 방에 들어가면 며칠씩 밖으로 나
오지 않을 정도로 아끼고 사랑했다. 이때가 중종 26년(1532)으
로 여정의 나이 스물다섯이었다. 그러나 오찬의 자식복이 거기
까지였는지 돌지에게는 아이가 들어설 기미가 보이지 않았다.

한편 고을의 왈패들과 어울려 놀기를 일삼던 오여정은 해를
넘긴 후에야 아버지가 돌지를 첩으로 들인 사실을 알았다. 생각
같아서는 당장 달려가서 첩실의 머리끄덩이를 잡아 내동댕이친
다음 쫓아내고 싶었지만, 자신을 아들 취급하지 않는 아버지인
지라 속만 부글부글 끓일 뿐이었다.

오여정은 그래도 아버지와 함께 사는 사람이니 인사하는 시
늉이라도 해야겠기에 한번 찾아가 보기로 마음먹었다. 어떻게
생긴 여자인지 궁금하기도 했다. 벼르고 벼르던 끝에 여름이 거
의 다 된 5월 말 어느 한낮에 돼지고기 한 근을 손에 들고 어슬
렁어슬렁 돌지가 살고 있는 집으로 갔다. 그날따라 아버지는 집
에 없고 돌지 혼자 여정을 맞이했다.

뜻밖에 아름다운 돌지의 모습을 보고 놀란 여정은 마음속에서

97

패륜
悖倫

음탕한 마음이 일어났다. 그러나 아버지의 여자를 어찌할 수 없어 그냥 집으로 돌아왔다. 그 후 돌지를 잊지 못하고 속을 태우던 여정은 아버지가 없는 틈을 타 술을 거나하게 마시고 다짜고짜 쳐들어가서 돌지를 품에 안아 버렸다. 돌지도 여정의 팔을 마다 않고 마주 안고 뒹굴었으니, 당시 국법이나 세상의 윤리 도덕으로 볼 때 도저히 용서받을 수 없는 불륜이었다. 그러나 뜨겁게 불붙은 남녀 관계는 죽음이 갈라놓기 전에는 떼어 놓기 어려운 법. 사람들에게 들킬까 걱정하면서도 두 사람은 틈날 때마다 만나 사랑을 불태우기에 여념이 없었다.

돌지가 백화주를 담근 뜻　아버지 오찬은 기력이 점점 약해져 돌지의 집을 찾는 일이 뜸해졌고, 그럴수록 여정이 돌지의 집에 드나드는 날은 더욱 많아졌다. 그러나 세상일에는 비밀이 없는 법. 두 사람이 불륜 관계를 맺은 지 2년쯤 지난 후부터 소문이 나돌기 시작했다. 급기야 주변 동네에서 알 만한 사람은 모두 알게 되었으니 오찬의 귀에 소문이 들어가는 것은 시간문제였다.

소문을 듣고 깜짝 놀란 여정이 누가 소문을 냈는지 알아보았더니 다름 아닌 오찬의 집 노비인 말원末元과 은환銀環이었다. 둘 다 오찬에 대한 충성심이 유별난 노비들이었다. 두 사람이 아버지에게 이 소문을 전하지 말란 보장이 없었다. 거기까지 생각이

미치자 오여정은 어떤 일도 손에 잡히지 않았다. 이 사실이 관가에라도 알려진다면 죽음을 면하기 어려울 것이었다.

여정은 돌지에게 전후 사정을 이야기하고 어떻게 하면 좋을지 의논했다. 그랬더니 돌지는 하늘이 무너져도 솟아날 구멍이 있다며 담담한 표정으로 여정을 위로했다. 돌지는 여정을 돌려보내고 난 후 뒷산으로 가서 철쭉꽃을 많이 따 와서는 매화, 동백꽃과 함께 음지에 널어 말렸다. 그리고 9월 9일 중양절에 말린 꽃에 독한 소주를 부어 백화주를 만들었다. 돌지는 여정에게 해를 넘기지 않고 아버지가 세상을 떠날 것이니 그때 평생을 함께하자며 자신의 계획을 상세하게 말해 주었다. 여정은 백화주로 어떻게 사람을 죽일 수 있느냐며 반신반의했다.

돌지는 백화주를 뒤뜰에 묻어 숙성시킨 다음, 한겨울에 눈이 많이 내리고 추운 날을 잡아서 오찬에게 백화주를 마시러 오라고 기별을 넣었다. 몸도 약해진 데다가 눈이 많이 내려 별로 할 일도 없었던 오찬은 점심을 먹은 후 천천히 걸어서 돌지의 집으로 갔다. 돌지는 솜씨를 발휘해 준비한 맛있는 안주와 백화주를 내왔다. 따뜻한 아랫목에 앉아 돌지의 술시중을 받으며 기분이 좋아진 오찬은 호탕한 기운이 발동하여 소주와 백화주를 과하게 마시고 크게 취했다. 취한 채 눈길을 걸어 본부인이 있는 집으로 돌아온 오찬은 찬 기운을 갑자기 쐬어서 그런지 머리가 띵하고 정신이 몽롱한 채로 냉수 한 사발을 마시고 일찌감치 잠자리에 들었다.

99

패륜悖倫

쇠약한 몸에 독성이 있는 철쭉을 넣은 백화주를 과하게 마신 오찬은 다음 날 아침 뜨는 해를 보지 못한 채 숨을 거두었다. 예로부터 철쭉은 독성이 있어 잘못 먹으면 자칫 목숨을 잃을 수도 있다 하여 술을 담그지 않는 꽃이었다. 이런 사실을 잘 알고 있는 돌지가 철쭉꽃을 섞어서 독주를 만들고, 급기야 그것으로 오찬을 죽인 것이다.

어미를 감금하고 노비를 죽이다

특별한 병도 없었던 오찬이 갑자기 세상을 떠나자 관아에서 수사관이 나와 시신을 검안檢案했다. 하지만 타살 혐의점을 발견하지 못하여 수사를 종료하고 오찬을 매장하도록 허락했다. 아버지 장례를 치른 후 오여정은 본격적으로 집안을 장악하기 시작했다.

우선 오찬의 심복으로 돌지와 자신의 관계를 퍼뜨리고 다닌 노비 말원과 은환을 잡아다 몽둥이로 때리며 고문했다. 둘 다 그런 적 없다고 발뺌했지만 막무가내로 매질을 해 대는 바람에 거의 죽을 지경이 되었다. 일이 험악한 지경에 이르자 보다 못한 여정의 어머니가 한사코 말렸지만, 무서울 것 없는 여정은 어머니의 말도 듣지 않았다. 도리어 하인들을 시켜 어머니를 뒷방에 감금하고, 말원과 은환은 목을 매게 해서 죽인 뒤 뒷산에 내다 버리게 했다.

두 노비를 죽이고 난 후에야 여정은 정신이 번쩍 들었다. 살인을 저질렀으니 살아남지 못할 것이 분명했다. 여정은 중요한 문서와 돈이 될 만한 패물과 현금만 챙긴 다음 돌지의 집으로 가서 빨리 이곳을 떠나자고 말했다. 전후 사정을 들은 돌지는 일단 자신의 친정으로 갔다가 고향인 경상도 상주로 도망치자고 권유했다. 중종 31년(1536) 3월의 일이니 오여정의 나이 스물아홉이었다.

두 사람은 평민의 옷차림으로 변복하고 아이 종인 동복同ト과 남자 노비인 막동莫同만 데리고 부랴부랴 상주로 도망을 갔다. 상주에 도착해서는 신분을 속이고 생선 장수 행세를 하며 살아갔다.

여정이 돌지와 도망을 간 후 여정의 고향 합천에서도 난리가 났다. 노비 둘을 죽이고 어머니를 감금했으며, 아버지 상중에 있는 상주가 아버지의 첩을 데리고 도망을 갔으니 이보다 더 흉악한 범죄가 없었다. 게다가 여정이 매부 이항의 권세를 믿고 평소 거들먹거리며 못된 짓을 많이 한 탓에 동네 사람들 중 누구도 감싸 주는 이가 없었다.

패륜아의 최후   신속하게 조사를 끝낸 충청감영의
                        관찰사 윤안인은 장계를 올려 이 엄청난 사건을 보고했다. 중종은 크게 노하여 승정원에 강상죄인▪ 오여정을 잡아들이라는 전교를 내렸다.

전국에 수배령이 내려진 가운데 충청도 관찰사 윤안인이 부모를 뵈려고 서울에 왔다가 입궐하여 중종에게 아뢰었다.

"오여정이 아비의 첩과 간통하고 친어미를 가둔 일들로 미루어 보면 그가 천륜을 거스른 것이 거의 확실합니다. 그가 도망할 때 아비의 첩을 데리고 갔다면 체포하기가 어렵지 않을 것 같습니다. 첩의 어미를 잡아다가 문초해 보니 두 사람이 간통한 일은 자복하지 않았으나 여정이 딸을 데리고 자기 집으로 왔다가 다시 데리고 도망갔다고 했고, 또 사건에 관계된 사람들도 직접 간통하는 것을 보았다고 하였습니다. 대저 난신적자亂臣賊子(나라를 어지럽히는 불충한 무리)는 완만히 조처해서는 안 됩니다. 그러는 사이 자결하여 죽으면 악인을 처벌하는 뜻을 시행할 수 없습니다. 소신이 듣기로는 그 첩의 고향이 상주이고 그곳에는 또 친척이 많다고 하니, 반드시 그곳에 숨었을 것 같습니다. 그

■ 강상죄綱常罪. 삼강三綱과 오상五常을 어긴 죄. 유교 사회인 조선에서 가장 큰 죄였다. 신분 질서가 무너지기 시작한 조선 후기에 특히 이에 대한 처벌을 강화하여 부모나 남편을 살해한 자, 노비로서 주인을 죽인 자, 관노官奴로서 관서의 장을 죽인 자는 가장 큰 죄로 취급해 사형시켰다. 죄인의 처자는 노비로 삼을 뿐만 아니라, 집은 부수어 못을 파고 읍호邑號를 강등시키도록 성문화했다. 조선 초기에도 반역이나 수령 상해 등의 사건이 있을 때 읍호를 강등한 경우가 있었지만, 조선 후기에는 강상죄가 발생하면 10년 기한으로 읍호를 강등시켰다. 이 밖에 죄의 내용이 심하고 중대한 자는 장 100에 유배 3000리, 또는 죄인과 그 가족을 평안도와 함경도로 이주시키기도 했다. 공신의 후손인 경우 장杖·도형徒刑 이하는 모두 속전贖錢을 바치게 했지만, 강상죄와 관리의 뇌물 수수죄는 여기에 해당되지 않았다.

리하여 신이 충청도에 있을 때 경상도에 이문移文(공문서를 보냄)하였고 날래고 용감한 군졸을 뽑아 엄습하였으나 잡지 못하였습니다. 위에서 각별히 명하여 포획하는 것이 어떻겠습니까?"

중종은 경상도 감사에게 각별히 유의하여 오여정을 잡으라고 특별 지시를 내렸다. 임금의 지시를 받은 경상감영에서는 노련한 수사관을 상주 일대에 포진시켰고, 열흘을 넘기지 않고 시장에서 생선을 팔고 집으로 돌아가던 오여정을 체포하여 4월 19일 서울 의금부로 압송했다. 서울로 잡혀 오자 모든 것을 단념한 두 사람은 고문하기도 전에 자신들의 죄를 자백했다. 사건의 전모를 보고받은 중종은 사건 책임자에게 명을 내렸다.

"오여정의 죄는 천지간에 용납하지 못할 것이라 저절로 그 죄가 정해질 것이다. 다만 요즈음 자식이 아비를 죽이고, 종이 주인을 죽이는 강상을 어지럽히는 큰 죄가 서로 이어 끊어지지 아니하니, 이는 나의 덕화德化(덕행으로 감화함)가 미흡한 까닭이다. 여정은 어리석고 용렬한 하류배가 아니고 벼슬하는 사람으로서 조금은 사리를 아는 자인데도 감히 이 같은 큰 죄를 저질렀다. 이것은 반역을 한 것이 아니니 도성 밖에서 죄를 결정함이 마땅하나, 그 죄가 매우 크니 모든 사람들에게 나라의 법을 확실하게 알리지 않을 수 없다. 또 형을 집행할 때 모든 문무백관을 서열대로 둘러서게 하여 지켜보도록 하는 것이 마땅하다. 의정부 대신들의 의견을 듣고자 하면 일이 더딜 것 같으니 의금부에 있는 대관과 대신이 의논하여 아뢰도록 하라."

의금부에서 오여정의 죄는 사형에 해당한다며 어디에서 어떤 방법으로 집행하는 것이 좋을지 정해 달라는 상소를 올렸다. 중종은 "많은 사람들이 모일 수 있는 군기시軍器寺(나라의 병기를 제조하는 곳) 앞에서 처형하고, 문무백관들이 차례로 서서 볼 수 있도록 속히 모든 기관에 전하도록 하라"고 엄명을 내렸다.

오여정은 중종 31년(1536) 4월 21일 군기시 앞에서 백관과 백성들이 지켜보는 앞에서 칼로 목을 베는 부대시참不待時斬(참부대시)을 당함으로써 파란만장한 스물아홉 생애를 마감했다.

조선시대에 칼로 목을 베는 참형斬刑은 중죄인의 경우에만 집행했는데, 참형에는 부대시참과 대시참待時斬, 두 가지가 있었다. 참형은 추분秋分과 춘분春分 사이에 집행하도록 법으로 정해져 있었으나, 부대시참은 이렇게 법으로 정한 시기를 기다리지 않고 사형이 확정되면 즉시 형을 집행하였다. 오여정은 거의 반역죄에 해당하는 처벌을 받았던 것이다.

돌지는 서모인가 아닌가?   오여정이 참형을 당했으니 돌지도 사형에 처해야 마땅하지만, 그것은 그리 간단한 문제가 아니었다. 중종이 대신들에게 돌지의 처리 문제를 의논하여 결정하라고 하자 의금부에서 먼저 나서서 아뢰었다.

"돌지의 죄는 우리나라가 법의 근본으로 삼는 『대명률大明律』

19세기 화가 김윤보가 그린 『형정도첩刑政圖帖』 중 〈역적참형〉. 죄인을 형틀에 고정시키고 망나니가 칼로 목을 내리치는 모습이다. 이처럼 몸과 머리를 분리하는 참수형斬首刑, 즉 참형은 조선시대 도적이나 역적 같은 무거운 죄를 저지른 사람에게 적용하였다. 지체가 높거나 권위 있는 집안의 사람에게는 사약을 내렸다. 부모님이 주신 신체를 온전히 보전할 수 있게 하는 것이 사형수에 대한 배려라고 생각했기 때문이다.

로 따진다면 마땅히 목을 베어야 합니다. 그러나 『율학해이律學解頤』에 보면 첩으로 자식이 있는데도 그 남편의 자식과 간통하면 참형에 처하고, 자식이 없으면서 간통하면 한 등급 낮춘다고 하였습니다. 그런 이유로 돌지는 곤장 100대에 유배 3000리로 조율하였습니다."

『대명률』은 조선의 핵심 법전인 『경국대전經國大典』의 근간이 된 중국 명나라의 법전으로 조선시대 재판에서 가장 중요한 참고 법전이었고, 『율학해이』는 『대명률』의 해설서로 역시 조선시대 재판에 활용되었다. 의금부에서는 돌지의 죄가 사형을 당해 마땅하지만, 『율학해이』의 '자식을 낳지 않은 첩'은 죄를 한 등급 낮춘다는 조항을 근거로 장 100대에 유배 3000리로 조율하였다. 의금부의 이런 처리 방식에 대해 사간원에서 상소를 올려 반대하고 나섰다.

"『대명률』에만 근거하여 처리하는 것은 온당하지 못합니다. 중국에서는 부인의 어머니인 장모를 간통한 것은 사형죄로 치지 않지만 우리나라에서는 처가에 대한 특별한 은혜가 있다고 보기 때문에 중국의 것을 적용하지 않고, 머슴이 주인의 처를 간통한 조문을 적용하여 사형에 처하였습니다. 이와 마찬가지로 돌지도 사형에 처하는 것이 맞습니다. 돌지는 오찬의 정식 첩이고, 집에서 데리고 산 것이 한두 해가 아닙니다. 온 집안이 존대할 뿐만 아니라 그 이웃과 친척들도 그것을 모르는 사람이 없으니 오여정이 어찌 서모庶母라고 부르지 않았겠으며, 돌지도

『대명률』(왼쪽)과 『경국대전』(오른쪽). 『경국대전』은 조선시대 기본 법전으로서 세조 때 최항崔恒·노사신盧思愼·서거정徐居正 등이 왕명을 받들어 편찬에 착수하여 몇 차례의 수정과 증보를 거쳐 성종 16년(1485)에 완성하였다. 『경국대전』 편찬에 많은 영향을 미친 『대명률』은 명의 개국 황제인 주원장朱元璋이 직접 감독하여 제정한 법전으로, 1367년 처음 제정되고 1397년 수정되었다. 조선시대 형을 판결할 때 『경국대전』 등에 해당 법조문이 없을 경우 『대명률』에 의거해 처벌하였다.

어찌 항상 남편의 자식으로 그를 대하지 않았겠습니까. 『대명
률』에는 자식이 있으면 서모라 부른다고 했지만, 이런 경우 항
상 서모라고 불렀던 것을 어찌 자식이 없다고 해서 그 죄과를
낮출 수 있겠습니까."

중국과 조선은 사정이 다르므로 『대명률』을 곧이곧대로 적용
하는 것은 옳지 않다는 주장이었다. 사간원은 돌지를 사형시켜
야 한다고 주장했다. 상소를 본 중종은 "나도 좀 약하다고 생각
했지만 대신들이 그렇게 말하여 유배를 보내도록 하였는데, 만
약 그대들의 의견이 그렇다면 중신들과 의논하여 다시 결정하
라."고 명을 내렸다.

사간원·사헌부·홍문관의 대신들이 다시 논의하여 사형에
처하는 것으로 결론을 내려 돌지 역시 형장의 이슬로 사라졌다.

집을 헐고 연못을 만들라   오여정과 돌지가 일으킨 간통 사건
은 워낙 흉악한 사건이어서 두 사람
이 사형을 당하는 선에서 그치지 않았다. 조선시대에는 패륜이
나 역모 사건이 발생한 고장은 읍호邑號를 낮추거나 아예 마을
을 없애 버리는 등의 극단적인 조치를 취하고, 죄인들이 살던
집은 헐어 버리고 그곳에 연못을 파서 사람이 살지 못하게 하였
다. 당연히 의금부에서 오여정이 살던 동네를 강등시켜야 한다
는 상소를 올렸다.

"이런 사람이 살던 곳은 으레 읍호를 강등시키고 집을 헐어 못을 파며 처자들은 노비로 만듭니다. 그리고 죄인의 사지를 사방에 전시하고 효수梟首(죄인의 목을 베어 매다는 형벌)하는 일 등은 어떻게 하여야 되겠습니까?"

중종은 "살던 읍호를 낮추는 것이 마땅하다. 다만 오여정이 살던 황간은 본디 현감이 다스리는 작은 고을이라 읍호를 강등시킬 필요까지는 없고, 집을 헐어 버리는 일 등은 모두 법에 의거하여 처리토록 하라."고 명했다.

패륜과 살인을 서슴없이 저질렀던 오여정과 돌지의 망극한 죄로 인하여 그들의 집은 헐리고 그 터는 연못이 되었으며, 돌지는 사지가 찢겨지고 사방에 효수되는 운명이 되었다.

패
륜
悖
倫

30년 후에 불거진 간통 사건

장인의 여자를 첩으로 삼은 박사화

권람의 아내 이씨는 신의 삼촌 숙모이므로, 신이 그 일을 자세히 알고 있습니다. 권람이 안평대군安平大君 이용李瑢의 종이었던 귀비가 자색이 있다는 말을 듣고 좋아하여 공신의 종으로 하사를 받아 사통私通했습니다. 그런데 부인인 이씨가 투기하고 권람도 또한 귀비가 무례하다고 생각하여 이를 물리쳐 자신의 집에 있는 종에게 시집보냈다가 뒤에 사위인 박사화에게 주었더니, 박사화가 간통하여 첩을 삼고 아들을 낳기에까지 이르렀습니다. 이는 족친들이 모르는 자가 없습니다.

- 『성종실록』, 성종 18년 7월 29일

성종 18년(1487) 영돈녕領敦寧(돈녕부에 속한 정1품 관직 영돈녕부사)
윤호尹壕가 임금께 와서 아뢴 말이다. 윤호는 자기 아우 윤파尹
坡가 박사화朴士華의 일을 발설했다가 구속되자, 그 이야기를
동생에게 전한 사람이 바로 자기라며 자초지종을 설명하고 나
선 것이다. 박사화 사건은 윤호의 상소가 올라오기 열흘 전쯤
인 7월 20일 의금부에 들어온 한 건의 고발로 불거졌다. 권람權
擥(1416~1465)의 집에 있는 녹금綠今이란 여종이, 박사화가 귀비
貴非를 첩으로 삼은 것은 장인인 권람에 대한 반인륜적 배반
행위라면서 박사화를 고발한 것이다. 장인과 사위가 한 여인을
첩으로 삼았으니 천륜을 어긴 행위라는 내용이었다.

　　의금부에서는 당장 녹금을 잡아다가 문초했다. 녹금은 자신의
주인인 권람이 살아생전 아끼고 사랑하던 여인 귀비를 사위인
박사화가 유혹하여 간통한 다음 주인 몰래 아이까지 낳고 나중
에는 첩으로 삼았으며, 아이를 속량贖良(몸값을 내고 노비 신분을 풀어
주는 것)하여 신분을 사족으로 하려는 시도를 여러 번 했다고 말
했다. 이렇게 되자 당사자인 귀비도 의금부로 잡혀 오게 되었는
데, 귀비는 권람이 자신을 첩으로 삼은 적이 없으며 권람과 사
통한 적도 없다고 발뺌했다.

　　당시 권람은 이미 세상을 떠난 뒤였다. 권람이 귀비를 첩으로
삼았다는 것도 30여 년 전인 세조 3년(1457)의 일이어서 제대로
밝히기가 어려웠다. 이 사건을 놓고 조정 대신들 사이에서 격렬
한 논쟁이 벌어졌다.

권람, 한명회, 수양대군　　권람은 조선 전기의 문신으로, 최고
　　　　　　　　　　　　의 모사꾼이었던 칠삭둥이 한명회韓
明澮와 더불어 수양대군의 핵심 참모 노릇을 하면서 세조 등극
에 큰 공을 세웠다. 그는 어려서부터 독서를 좋아해 학문이 넓
었으며, 뜻이 크고 기책奇策이 많았다. 책 상자를 말에 싣고 명
산 고적을 찾아다니며 한명회와 함께 책을 읽고 글을 지으며 회
포를 나누었다. 한명회와 약속하기를 "남자로 태어나 변방에서
무공을 세우지 못할 바에는 만 권의 책을 읽어 불후의 이름을
남기자"고 할 정도로 우정이 돈독했다.

　문종이 죽고 어린 단종이 즉위하자 김종서金宗瑞·황보인皇甫仁
등 대신들이 권력을 잡은 후 안평대군과 결탁하여 세력을 키워
가자 불안을 느낀 수양대군이 동지를 규합했는데, 이때 권람은
한명회의 부탁을 받고 수양대군에게 접근해 집권을 모의했다.
권람은 한명회와 힘을 합쳐 계유정난癸酉靖難을 일으켜 김종서·
황보인 등을 제거하고 세조 집권의 토대를 마련하였으며, 그 공
으로 정난공신靖難功臣 1등에 책록되었고, 이어 승정원 동부승지
에 특진되었다가 단종 2년(1454) 2월에 우부승지, 8월에 좌부승
지로 승진하였다.

　이어서 권람은 세조가 즉위하자 이조참판이 됨과 동시에 좌
익공신佐翼功臣 1등에 책록되었으며, 세조 2년(1456)에는 다시
이조판서를 거쳐 좌의정까지 올라가고 공신으로서는 최고의 자
리인 길창부원군吉昌府院君이 되었다. 세조를 도와 여러 차례 공

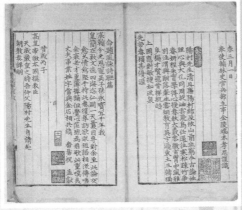

충북 음성에 있는 양촌陽村 권근 3대 묘소(위). 충청북도 기념물 32호. 조선 전기 문신인 권근과 아들 권제, 손자 권람의 3대 묘소를 함께 모신 곳이다. 계유정난을 주도하여 세조의 즉위에 공을 세운 권람은, 승정원의 여러 벼슬을 거쳐 세조 1년(1455) 이조참판이 되었다. 높은 지위에 오르고 많은 재산을 모았으나 횡포와 축재가 심하여 여러 차례 탄핵을 받았다. 『응제시應製詩』(아래)는 권근이 명나라 태조太祖의 명을 받아 지은 시 24수와 명 태조가 하사한 어제시를 모은 것으로, 여기에 권람이 주를 붙여 세조 8년(1462) 목판본으로 간행한 것이다. 권람이 붙인 주는 단순한 어구 해석이 아닌 해당 사항의 유래, 변천, 도리道里, 전설 등까지 상세하게 기록하고 있어 한문학뿐 아니라 인문지리학 및 서지학의 연구 자료로서 가치를 지닌다.

을 세운 덕으로 만년에는 높은 지위와 많은 재산을 누리며, 남산 아래 화려한 집을 짓고 살았다.

이렇듯 평생 권력의 중심에서 승승장구했던 권람은 자신이 죽은 뒤 불미스런 일로 세인의 입방아에 오르내리게 될 것이라고는 꿈에도 예상하지 못했을 것이다. 문제가 된 귀비라는 노비는 권람이 계유정난 직후 공을 인정받아 하사받은 노비 중 한 명이었다.

장인과 사위가 한 여자를 품다 세조 3년(1457) 가을을 알리는 선선한 바람이 부는 8월 하순 어느 날, 남산 아래 자리 잡은 권람의 호화로운 저택에서 노복들이 부지런히 움직이고 있었다. 그런데 일을 하는 노비들의 입이 모두 한 발씩 나와 있었다. 그도 그럴 것이 권람의 집에 새로 들어오는 귀비라는 여자 종을 맞이하는 일로 바빴으니, 아무리 주인의 명이라 해도 같은 노비 처지에 속이 편치 않았던 것이다. 귀비는 본래 안평대군 집에 있던 계집종으로, 안평대군이 역적으로 몰려 죽임을 당한 후 그 종들을 분배하는 과정에서 권람이 세조에게 하사받은 것이었다.

귀비는 비록 신분은 낮지만 생김새가 매우 아름답고 총명해 안평대군의 총애를 받았으며, 미모가 뛰어나다는 소문이 서울 장안에 자자했다. 권람이 귀비를 데려온 것도 종으로 부리기 위해서가 아니었다. 권람은 집에서 그리 멀지 않은 곳에 작은 집을 하나 마련해 놓고, 귀비를 그곳에 기거하도록 하고는 수시로 드나들었다. 조정 일이 끝나고 퇴궐할 때 들르거나 평소에도 시간이 날 때마다 귀비에게 가서 함께 시간을 보내곤 했다. 어떤 때는 아예 그 집에서 아침까지 먹고 곧바로 입궐하기도 했다.

그렇게 몇 년이 흐른 뒤인 세조 8년(1458), 정초부터 권람의 몸에 피부병 같은 부스럼이 생기기 시작하더니 좀처럼 낫지 않았다. 두 달 정도 약으로 치료해 보았으나 별 차도가 없는지라, 권람은 2월 11일 이계전李季甸과 함께 황해도에 있는 배천온천白川溫泉에 가서 목욕을 했으면 좋겠다고 세조에게 아뢰었다. 권람을 끔찍하게 아끼던 세조는 쌀 열다섯 석과 여러 음식과 술을 내려주며 병을 잘 다스려서 낫거든 오라고 격려해 주었다. 그때부터 권람은 배천온천에서 피부병을 치료하면서 휴가를 보내고 4월 10일이 되어서야 서울로 돌아왔다.

그런데 권람이 오랫동안 집을 비운 사이 사단이 생겼다. 권람의 사위 박사화와 귀비가 눈이 맞은 것이다. 권람에게는 아들 하나와 딸이 셋 있었는데, 큰딸이 부정副正(각 관청의 부책임자에 해당하는 종3품 관직) 벼슬을 하는 박사화에게 시집을 갔다. 박사화는 장인의 위세를 믿고 안하무인으로 행동하는 데다 여색을 무척 밝혀 딸의 속을 어지간히 태웠다.

바람둥이 박사화는 그전부터 귀비의 미모에 혹해서 눈독을

116

조선남녀상열지사

들이다가 장인이 없는 틈을 타 접근을 시도했다. 젊은 귀비의 눈에도 권람보다는 젊은 박사화가 더 좋아 보였을 것이다. 비록 신분은 노비였지만 귀비는 권람의 첩과 다름없었고, 생활도 노비로서는 꿈도 못 꿀 만큼 호화로웠다.

박사화의 첩이 된 귀비   권람이 서울을 비운 두 달 가까이 부적절한 관계를 이어 온 귀비와 박사화는 권람이 서울로 돌아오는 바람에 더 이상 만날 기회를 잡기가 어렵게 되었다.

박사화가 애를 태우고 있는 사이, 엉뚱한 곳에서 귀비를 빼낼 방도가 생겼다. 권람의 부인 김씨가 귀비를 다른 곳에 시집보내자고 나선 것이다. 남편의 총애를 받는 귀비가 김씨 부인에게는 눈엣가시 같은 존재였을 것이다. 권람은 말도 안 되는 소리라고 펄쩍 뛰었지만, 아내의 말을 완전히 무시할 수도 없었다. 부인 김씨는 권람의 다른 기생첩의 생질甥姪(누이의 아들) 중에 계수桂樹라는 사람이 있는데, 그자에게 귀비를 시집보내는 것이 어떻겠냐고 물었다. 권람은 계수라는 자가 손버릇이 좋지 않아 여자에게 폭력을 자주 행사한다는 이야기를 들은 터라 별로 탐탁하게 여기지 않았다. 고민을 거듭하던 권람은 차라리 귀비를 다른 사람에게 종으로 주는 것이 낫겠다고 판단했다.

권람은 사위 박사화를 떠올렸다. 사위가 아무리 바람둥이라

해도 설마 장인의 여자를 함부로 건드리겠는가. 권람은 귀비를 찾아가 자초지종을 설명하고 박사화의 집에 종으로 가는 것이 좋겠다고 말했다. 그리고 다음 날 사위를 불러 귀비를 선물로 주겠다고 했다. 박사화는 장모가 그전부터 귀비를 탐탁지 않게 여겼던 것을 잘 알고 있었으므로, 장인이 귀비 처리 문제로 속을 끓이다가 차선책으로 자신에게 부탁한다는 것을 금방 눈치 챘다. 어떻게 말해도 결국 귀비가 자기 집에 올 수밖에 없다는 걸 잘 아는 박사화는, 처음에는 사양하다가 마지못해 그런 척 받겠다고 했다. 며칠 후 권람은 귀비를 박사화의 집으로 보냈는데, 이때 벌써 귀비의 뱃속에는 박사화의 아이가 무럭무럭 자라고 있었다.

박사화의 집으로 온 귀비는 별로 두려워하는 기색도 없이 자신의 처소로 갔다. 박사화는 얼마 지나지 않아 귀비가 머물 집을 하나 마련하여 아기를 낳을 때까지 그곳에서 지내도록 했다. 이쯤 되자 박사화 주변 사람들과 친인척들은 모두 귀비가 박사화의 첩이 되었다고 수군댔으나, 정작 권람에게는 그런 말을 해 주는 사람이 아무도 없었다. 모두 진작부터 귀비가 박사화와 간통하여 서로 좋아한다는 사실을 알았지만 쉬쉬하기만 했다.

귀비를 박사화의 집으로 보내고 몇 년 후 권람은 세상을 떠났고, 장인의 첩과 간통하여 아이까지 낳은 박사화의 파렴치한 행위는 아무 문제가 되지 않고 덮어졌다.

그럭저럭 세월이 흘러서 25년이 지난 후 박사화도 중년의 나

이가 되었다. 박사화의 부인 권씨는 병으로 골골하더니 성종
14년(1483) 자식 하나 남기지 못하고 세상을 떠났다. 박사화는
부인이 죽자 귀비의 몸에서 낳은 아이를 노비 신분에서 속량하
여 자기 아들로 하려는 욕심이 생겼다. 당시 평산부사로 지방
에 내려가 있던 박사화는 서울의 처가에 있는 처남 권건權健에
게 편지를 써서 귀비의 자식을 속량할 수 있도록 문서를 만들
어 달라고 하였다. 권건이 이 사실을 전하자 어머니 김씨는 펄
쩍 뛰었다.

"귀비는 너의 아버지께서 첩으로 삼으려다가 실패하여 네 자
형에게 종으로 주었는데, 그가 첩으로 삼아 아들까지 낳았으니
문서를 만들어 주어서는 안 된다!"

조정 대신들의 갑론을박   귀비의 아들을 속량시켜 대를 잇게
                        하려던 박사화의 시도는 김씨의 반
대로 실패했다. 그 뒤로도 박사화는 귀비의 아들을 속량하고자
여러 방면으로 손을 썼으나 일은 잘 풀리지 않고 오히려 엉뚱한
곳에서 문제가 일어났다.

누구의 지시를 받았는지 권람 집의 녹금이란 여종이 성종 18
년 7월 의금부로 가서 박사화가 귀비를 첩으로 삼은 것은 반인
륜적 배반 행위라고 고발한 것이다. 당시 조선의 법률에 따르면
친인척의 첩을 간통한 죄는 풍속죄에 해당하여 엄하게 다스려

패
론
悖
倫

졌다. 비록 오래전 일이지만, 박사화 사건은 조정에서 상당한 문젯거리로 떠올랐다.

고발이 들어오자 의금부에서는 녹금을 잡아다가 문초했고, 귀비도 의금부로 잡혀 왔다. 귀비는 권람이 자신을 첩으로 삼은 적이 없으며, 권람과 사통한 적도 없다고 발뺌했다.

이렇게 되자 논쟁하기 좋아하는 조정 대신들은 이 사건을 놓고 갑론을박하였다. 의견은 크게 둘로 갈리었다. 하나는 박사화의 행위가 풍속죄에 해당하므로 아무리 오래 전 일이라도 크게 처벌해야 한다는 견해였고, 다른 하나는 장인의 첩도 아닌 여종을 첩으로 삼았다고 하여 사족을 벌할 수는 없다고 보는 견해였다.

좌의정 홍응洪應이 나서서 말했다.

"신은 이 일을 거핵擧劾(벼슬아치의 허물을 들어 탄핵하는 일)하기가 어렵다고 여깁니다. 귀비가 박사화의 첩이 된 지 오래인데, 지금 귀비를 형장으로 심문하여서 박사화가 숨기고 있는 일을 적발하는 것은 일의 대체에 매우 어긋나므로 시행할 수 없습니다. 『경국대전』에 이르기를, '수령이 탐오貪汚하고 백성을 침학侵虐한 것 이외에는 풍문을 들어주지 않는다'고 하였습니다. 하물며 말이 비복婢僕들의 입에서 나와 서로 허물을 덮어 주어야 할 가까운 친족들에게 전파된 것이겠습니까? 이제 20년이나 된 뒤에야 그런 비밀을 수색하는 것이 어찌 예전 성인들이 죄악을 숨겨 주던 의리이겠습니까? 사실 여부를 알지 못하면서 갑작스럽게

조선남녀상열지사

형장으로 심문을 가하여서 드디어 옥사를 성립시키는 것은 온당하지 못하니 내버려 두는 것이 마땅합니다."

영중추부사 이극배李克培는 좀 더 신중하게 일을 처리해야 한다는 입장이었다.

"권람의 집에 일을 아는 노비가 어찌 유독 녹금뿐이겠습니까? 단지 녹금만을 추문해 보고 갑자기 귀비를 형장하는 것은 사리에 합당하지 못합니다. 또 사위 한서귀韓瑞龜와 아들 권건權健이 비록 친히 보지는 않았더라도 어찌 들은 바가 없겠습니까? 직접 불러다가 하문하는 것이 어떠하겠습니까?"

우의정 노사신盧思愼도 거들었다. 만일 그런 일이 있었다면 알게 된 사람이 유독 녹금뿐만이 아니었을 것이니 마땅히 널리 물어보아 증거를 수집하되 뭇사람의 말이 한결같으면 박사화에게 직접 물어야 한다고 했다.

결국 권람의 사위 한서귀와 아들 권건이 승정원으로 불려왔다. 권람이 귀비와 사통했는지 묻자 한서귀가 대답했다.

"장인이 단종 2년(1454) 무렵 귀비가 자색이 있다는 것을 듣고 첩을 삼고자 점유하여 공신비功臣婢를 삼았으나, 대해 보니 실지는 자색이 없으므로 즉시 종奴에게 시집보냈습니다. 사통했는지 여부는 신이 알지 못합니다."

권건은 자신이 세조 4년(1458)에 태어났는데 어렸을 적 일을 어떻게 알 수 있겠느냐면서도, 박사화가 귀비의 소생을 속신贖身하고자 한다며 문서를 만들어 달라고 했던 일과, 어미가 귀비는 아버지가 첩으로 삼으려 했던 여인이므로 문서를 만들어 줄 수 없다고 했던 일을 전하였다.

성종은 두 사람의 진술을 바탕으로 대신들에게 다시 의논하라고 전교를 내렸다. 대신들의 의견은 다시 엇갈렸다.

심회沈澮는 한서귀와 권건이 어찌 그 실체를 알겠느냐면서, 다만 권건의 어미의 말이 그러하니 박사화를 국문하여 실정을 알아내자고 했다. 영사領事 윤필상尹弼商은 녹금이 공초한 말이 명백하여 내버려 둘 수 없다고 한 반면, 홍응은 한서귀 등의 말이 확실하지 못하여 일을 밝히기 어려우니 내버려 두자고 했다. 노사신은 권람이 귀비와 사통했다는 것은 안방의 은밀한 일이어서 자제들 외에 누가 알겠느냐며, 그런데도 한서귀와 권건이 모두 알지 못한다고 하니 의심스럽다고 하였다.

안방의 은밀한 일을 어찌 알겠는가   열띤 논쟁을 벌였지만 결정된 것은 없었다. 성종은 일이 애매하여 핵실覈實(일의 실상을 조사함)하기 어렵다며 내버려 두라고 하였다. 처벌하지 않는 쪽으로 방향을 잡은 것이다. 그 이유는 첫째 사건이 너무 오래되고 규방에서 은밀히 일어난 남녀 문제를 포함하고 있는지라 실상을 알기 어렵고, 둘째 노비의 말만 듣고 사대부 박사화에게 죄를 묻는다면 풍속을 바로잡으려다가 도리어 풍속을 해칠 수 있다는 우려 때문이었다. 그러나 사간원 관원들은 물러서지 않고 계속해서 박사화에게 벌을 내려야 한다고 주장했다. 이때 특진관特進官 이극돈李克墩이 나서서 아뢰었다.

"신이 평소 권람의 사람됨을 알고 있습니다. 만일 귀비와 권람이 사통하고 있는 상태였는데 박사화가 귀비를 간음한 것이 권람이 죽기 전 일이라면, 권람이 반드시 귀비를 죄 주어 누군가에게 시집보내 멀리 지방으로 물리쳤을 것입니다. 권람이 누구를 꺼려 그렇게 하지 않았겠습니까? 또한 귀비를 계수라는 자에게 시집보내려 했다는 것도 의심스럽습니다. 만일 녹금이 진술한 것을 가지고 귀비를 심문하다가 형장 아래에서 자복을 받아 낸 다음 박사화에게 강상죄를 범한 벌을 가한다면 형벌 정책에 있어서 어찌 온당하다 하겠습니까?"

박사화를 처벌해서는 안 된다는 말이었다. 성종은 이극돈의 의견이야말로 진정으로 나라를 위하는 충성스런 말이라며 더 이상 논의하지 말도록 했다. 그러나 그 뒤로도 경연이 있을 때마다 사간원 관원들이 들고 일어나서 박사화에게 합당한 벌을 주어야 한다고 계속 주장했다.

이 사건은 처음부터 규중閨中의 은밀한 일이라 증거가 분명하지 않다는 근본적인 약점을 지니고 있었다. 뿐만 아니라 녹금은 권남의 종이고 귀비는 박사화의 첩이니, 종을 주인의 증인으로 삼고 첩을 지아비의 증인으로 삼는다면 이는 오히려 풍속을 손상시키는 일이었다. 또 권람의 가문은 거족巨族이고, 20년이 지난 뒤에야 발설된 것으로 당사자인 권람이 이미 사망한 탓에 확

패
륜
悖
倫

인이 불가하며, 증인이라 할 권건과 한서귀가 모두 알지 못한다고 답변하였으므로 죄를 묻기가 상당히 애매했다. 그런 까닭에 조정 대신들 사이에서 논란이 분분했고, 성종도 쉽게 결정을 내리지 못한 것이다.

녹금이 박사화의 일을 고발한 이후 뜨거운 논쟁에 휩싸였던 이 사건은 2개월 만에 박사화를 경질하는 것으로 마무리되었다. 성종이 박사화의 일을 그냥 덮으려 하자 윤필상이 강하게 반발하고 나섰기 때문이다. 윤필상은 이 일을 그대로 무마하고 죄를 주지 않는다면, 비록 가장이 첩으로 삼으려고 하였다 하더라도 불초한 자손이나 사위들이 혹은 먼저 간음하는 자가 있게 될 것이라고 했다. 성종은 박사화를 관직에서 물러나게 하는 것으로 이 사건을 마무리하였다.

아버지의 첩과 놀아난 아들

형의 패륜을 고발한 죄로 목숨을 잃은 문지

합천에 사는 죄수 문지의 공초 내용을 보면, 그 형 문신이
아비의 첩과 간통한 정상을 자세히 진술하였는데 조목조목
모든 곡절이 매우 자세하였습니다. 그러나 형이 비록 죄가
있더라도 아우로서 형을 고발함은 그 죄 역시 중하여 모두
강상에 관계되니, 이것은 실로 막대한 변고이며 막중한 옥
사입니다. …… 문지·문신과 그 아비의 비첩 및 옥사에 연
관된 사람을 모두 왕옥으로 잡아들여 자세히 조사하고 명백
하게 처단하여 훗날의 비난이 없게 하소서.

- 『광해군일기』, 광해 2년 1월 23일

광해군 2년(1610) 경상도에 파견되어 있던 경차관敬差官(특정한 임무를 띠고 지방에 파견된 중앙 관원) 이유록李綏祿이 의금부로 올린 장계이다. 문신文賮이 아비의 첩과 간통하여, 그 동생 문지文贄가 고발한 사건이었다. 장계를 올린 이유록은 형의 간통도 문제지만 아우가 형을 고발한 죄 또한 중하므로, 형뿐만 아니라 고발자인 동생 역시 잡아들여 자세히 조사해야 한다고 주장했다. 광해군은 아뢴 대로 하라고 처결했고, 그에 따라 곧 세인의 이목을 집중시키며 옥사가 벌어졌다.

재산 다툼으로 갈등한 형제

문신과 문지 형제는, 조선 선조 때 문인으로 경상도 합천 사람인 문홍도文弘道의 아들이다. 문홍도는 정인홍鄭仁弘(1535~1623)■의 제자로 임진왜란 때 정인홍과 함께 의병을 일으켜 왜적을 물리쳤다.

■ 조선 중기 학자·의병장·정치가. 남명南冥 조식曺植의 수제자로 경상우도의 남명학파를 대표하였다. 1592년 임진왜란이 일어나자 합천에서 성주에 침입한 왜군을 격퇴하고, 10월 영남의병장의 호를 받아 많은 전공을 세웠다. 유성룡을 탄핵하여 북인 정권 수립에 기여했으며, 선조 말년 북인이 소북·대북으로 분열된 후에는 이산해李山海·이이첨李爾瞻과 대북을 영도했다. 영창대군을 옹립하려는 소북에 대항하여 광해군을 적극 지지하다 탄핵당하여 영변에 유배되었으나, 광해군이 즉위하자 유배 도중 풀려나와 대북 정권을 수립했다. 1612년 우의정이 되고, 1618년 인목대비 폐위 논란이 이는 와중에 영의정에 올랐다가 이듬해 물러났다. 1623년 인조반정 뒤 참형되고 가산은 적몰되었으며, 이후 대북은 정계에서 거세되어 몰락하였다.

문홍도는 선조 18년(1585) 진사에 합격하고, 3년 후인 선조 21년(1588) 3차 시험인 병과丙科에까지 합격하여 관직에 나간 이래로 사헌부 지평, 홍문관 수찬, 사헌부 장령 등을 거쳐 평안도 암행어사를 지낸 후 수원부사, 의정부 사인 등의 관직을 거쳤다. 정인홍이 유성룡을 공격할 때 가장 앞장서서 탄핵을 주도함으로써 북인이 정권을 잡는 데 크게 기여했으나, 훗날 서인이 다시 정권을 잡으면서 더 이상 높은 관직으로 올라가지 못했다. 판서나 정승의 반열에는 오르지 못했지만 한때 정권의 핵심에 있었기 때문에, 집안에 노비도 많고 기생첩도 거느릴 정도로 화려한 생활을 누렸다. 문홍도는 노비 중에서 예쁜 계집종 하나를 곁에 두고 사랑해서 비첩婢妾으로 삼았으며, 나이가 더 들어서는 명개命介라는 젊고 아름다운 기생첩을 들여 옆에 두고 총애하였다.

문홍도가 언제 세상을 떠났는지 정확한 기록이 없으나 큰아들 문신이 아버지의 첩과 간통했다가 벌을 받는 기사가 광해군 2년(1610) 1월에 나오는 것으로 보아, 1607년 늦은 봄쯤 세상을 떠난 것으로 보인다.

문홍도가 세상을 떠난 후 문신과 문지는 서울의 가산을 모두 정리하고 합천으로 내려가 당시 예법에 따라 3년 동안 시묘살이를 했다. 이때 유산 분배 과정에서 형제 사이에 상당한 마찰이 있었다. 문홍도가 정권의 핵심에 있으면서 모은 꽤 많은 재산을 형 문신이 거의 독차지하려 했기 때문이다. 결국 형제는 얼굴을 붉히고 삿대질까지 하며 싸웠고 형제 간의 우애는 되돌릴 수 없는 지경이 되고 말았다.

　3년을 끌던 유산 상속 문제는 광해군 1년(1609) 초여름 탈상
脫喪을 하면서 겨우 일단락되었다. 하지만 동생 문지의 불만은
가라앉지 않았다. 문지는 자신이 형에 비해 터무니없이 적은
재산을 받았다는 생각에 억울하고 분한 마음을 억누를 수가 없
었다.

　형을 고발한 동생　　　　　이렇듯 문지가 속을 끓이고 있는데,
　　　　　　　　　　　　　　　어느 날 심복으로 부리는 노복 하나
가 와서 이상한 말을 전했다.

　"큰집에 있는 노비 중에 저와 아주 친한 놈이 하나 있는데,
큰 서방님의 행동이 요즈음 매우 수상하답니다. 얼마 전부터 대
감마님의 여종으로 첩이 되었던 여자와 가끔씩 한 방에서 옷을
벗고 누워 있기도 하고, 어떤 때는 함께 밤을 보내고 아침에 나
오기도 한다고 합니다."

　옳다구나 생각한 문지는 형을 찾아가 은근히 협박했다. 아버
지의 비첩과 간통하는 사실을 알고 있다며 재산을 더 내놓지 않
으면 간통 사실을 관아에 알리겠다고 했다. 하지만 문지의 예상
과 달리 형 문신은 오히려 호통을 치며 문지를 내쫓아 버렸다.
협박하러 갔다가 도리어 야단만 맞고 내쫓긴 문지로서는 억울
하고 분한 마음이 더했을 것이다.

한편 형 문신은 동생을 윽박질러 내쫓기는 했지만 영 불안했다. 동생이 정말 관아에 고발한다면 큰 곤경에 처할 것은 불을 보듯 훤했다. 이런저런 방도를 모색하던 문신은, 당시 좌찬성左贊成 벼슬을 하고 있던 정인홍을 찾아갔다. 마침 정인홍이 휴가차 잠시 합천에 내려와 있던 터였다.

정인홍을 찾아간 문신은 유산 상속 문제로 동생과 다툼이 있었다며, 동생이 난폭하게 굴고 얼마나 날뛰는지 자신을 모함할지도 모르겠다고 걱정을 늘어놓았다. 그러면서 만약 동생이 자신에게 없는 죄를 뒤집어씌우려고 하면 잘 막아 달라고 부탁했다. 문홍도와 친분이 두터웠던 정인홍은 걱정하지 말라고 문신을 달래서 집으로 돌려보냈다.

며칠 후 문신의 예상대로 문지가 경상도 감영으로 달려가 형이 아버지의 비첩과 간통하였다고 고발했다. 광해군 1년 9월의 일이다. 아들이 아버지와 함께 살던 첩과 간통한 죄는 풍속을 해치는 매우 중대한 사안이었다. 고발을 접수한 경상도 감영에서는 문지의 진술이 너무나 구체적이어서 사실로 믿을 수밖에 없었는데, 이는 삼강오상三綱五常(삼강오륜)을 해치는 강상죄에 해당되므로 지방에서 자체적으로 처리하기 어렵다고 판단했다. 그리하여 경상도에 파견되어 있는 경차관 이유록으로 하여금 의금부로 장계를 올리도록 했다.

이유록은 "실로 막대한 변고이며 막중한 옥사"여서 한낱 경차관이 함부로 지방에서 조사해서 판결할 수 없으니 의금부에서

129

패륜悖倫

이 사건을 다루어야 한다고 했고, 그에 따라 사건은 의금부로 이송되었다. 큰 옥사가 일어날 판이었다.

의금부에서는 문지와 문신 형제, 그리고 문홍도의 첩 등을 조사하여 사건의 전말을 소상히 적은 다음 우의정 이항복李恒福에게 보고했다. 이항복이 즉시 의금부로 가서 문지를 심문하려고 하는데, 휴가를 마치고 서울로 돌아온 정인홍이 갑자기 찾아와 할 말이 있다고 했다.

"문신과 문지 형제는 제가 가르친 제자 문홍도의 자식들인데, 오래전부터 형제 간에 불화가 있었다고 합니다. 얼마 전 문신이 집으로 저를 찾아와 하는 말이 동생이 자기를 모함할지도 모르니 사정을 잘 살펴 달라고 했습니다. 그러니 대감께서 우선 문지를 심문해 보는 것이 좋을 것 같아서 말씀드립니다."

정인홍을 만난 후 의금부로 간 이항복은 문지를 불러들여 사건의 정황을 이야기해 보라고 하였다. 문지는 노비들의 말과 자신이 본 것을 근거로 형이 아버지의 비첩과 간통했다고 주장했다. 간통 현장은 확인하기 어려우므로 증인이나 증거가 있어야 하는데 그것이 있느냐고 묻자, 문지는 증인으로는 자신의 집 노비가 현장을 직접 목격했다고 대답했다. 이항복은 그렇다면 노비를 잡아다가 물어보자고 하였다. 그런데 문지의 노비를 잡아다가 심문하니 그런 사실이 없다고 잡아뗐다.

현장을 확인한 유일한 증인이 고발자이고, 그 외 증인은 한 명도 없는 상황이었다. 이항복은 고민 끝에 동생이 형을 모함한

다는 심증을 굳힌 상태에서 문지를 좀 더 심문해 보아야겠다고
판단했다. 그가 이처럼 잘못된 판단을 내리게 된 데에는 정인홍
의 역할이 컸다.

나의 억울함을 밝혀   이항복은 의금부에 형틀을 갖추고 문
주시오   지를 고문하면서 바른 대로 실토하도
록 종용했다. 그러나 문지는 자신이 말한 것은 모두 사실이라며
끝까지 복종하지 않았다. 그래서 형 문신을 잡아다가 문초해 보았
으나 문신 역시 자신은 그런 짓을 한 적이 없다고 주장했다.

이렇게 되자 이항복은 문지가 불공평한 유산 상속에 앙심을
품고 형 문신을 모함하여 재산을 챙기려 한 사건으로 보고, 문
지를 제외한 나머지 사람을 모두 방면시켜 집으로 돌려보냈다.
몇 달을 끌던 문지와 문신 형제의 옥사가 무고로 마무리되려는
즈음, 오랜 동안 고문을 받고 감옥에 갇혀 있던 문지가 추위를
견디지 못하여 병이 나서 거의 죽게 되었다.

문지가 죽을 지경이 되자 의금부에서는 합천에 있는 부인에
게 연락해서 데려가도록 했다. 하지만 문지는 옥문을 나서기도
전에 부인의 품에 안겨 숨을 거두고 말았다. 죽기 직전 문지는
부인을 붙잡고 이렇게 말했다.

"나는 비록 원통하게 죽으나 당신은 살아서 나의 억울함과 원
한을 반드시 밝혀 주시오."

남편의 시신을 안고 통곡하던 문지의 처는, 남편을 아버지의 옆 자리에 안장하고 집으로 돌아와서 그때부터 문신을 감시하기 시작했다.

문신의 두 번째 간통

문신은 얄밉기는 하지만 그래도 하나밖에 없는 동생이 죽었는지라 한동안 근신하며 지냈다. 문지 사건으로 인해 그동안 간통해 왔던 아버지의 비첩도 집에서 쫓겨나 어디로 갔는지 알 수 없었다. 그렇게 해를 넘기고 봄이 와서 농사일을 시작할 무렵, 문신은 재 너머 밭에서 하인들이 일하는 것이라도 돌아볼 겸 집을 나서서 동네를 한 바퀴 돌다가 아버지의 또 다른 기생첩 명개의 집에 들렀다. 아버지 문홍도가 죽은 후 명개의 생활비를 문신의 집에서 대고 있던 터였다.

그날 이후로 문신과 명개의 간통이 시작되었다. 아버지의 기생첩과 간통하다가 곤욕을 치르고 그 일로 동생이 목숨을 잃어 원수 사이가 된 마당에 아버지의 또 다른 기생첩과 간통하다니, 문신도 제대로 된 인간이라고 보기는 어려울 듯하다. 게다가 남편의 원수를 갚겠다고 문지의 처가 감시의 눈을 번득이고 있는 마당에 말이다.

이미 봉변을 한 번 당했기에 문신 또한 조심하고 또 조심했지만, 꼬리가 길면 밟히는 법. 명개의 집에 드나든 지 1년쯤 되었

조선남녀상열지사

을 때인 광해군 3년(1611) 겨울 결국 들통이 나고 말았다.

　문신과 명개의 관계를 눈치 채고 감시하던 문지의 처는, 그해 12월 10일 눈이 많이 쌓인 아침, 일거리를 찾아 집을 나섰다가 어디론가 열심히 가고 있는 문신을 보았다. 문지의 처는 문신이 명개의 집으로 가는 중일 거라 생각하고 뒤를 밟았다. 눈위에 찍힌 발자국을 보고 문신이 명개의 집으로 들어갔다는 사실을 확인한 문지의 처는, 간통 현장을 잡으려고 추운 눈길에서 한참을 서서 기다렸다. 그리고 두 사람이 한참 방사房事를 벌이고 있을 때쯤 살며시 집 안으로 들어가 방문을 활짝 열어젖히니, 예상했던 광경이 눈앞에 펼쳐졌다. 방안으로 들어선 문지의 처는 두 사람이 걸칠 만한 옷가지를 모두 찾아서 마당으로 던져 버려 도망갈 수 없게 한 다음, 밖에서 방문을 걸어잠그고 자물쇠를 채워 버렸다. 그리고 곧바로 관아로 달려가서 고발하여 체포하도록 했다. 졸지에 간통 현장을 들키고 실오라기 하나 걸치지 않은 알몸으로 관원들에게 붙잡혔으니 그 모욕감과 창피함은 말할 것도 없었다. 이제 아무런 변명도 할 수 없는 처지였다.

　아버지와 살을 섞고 산 사람은 계모든 첩실이든 모두 어머니와 마찬가지였다. 문신이 아버지의 기생첩과 간통한 것은 강상죄綱常罪에 해당되어 사형을 면할 수 없었다. 문신과 명개는 경상도 포졸들에게 잡혀 의금부로 압송되어 왔다. 이때가 광해군 4년(1612) 1월 20일이었다.

이항복의 탄식　　　　　　　문신이 간통 현장에서 체포됨으로써 문지가 억울하게 죽었음이 밝혀지게 되었다. 당연히 문지를 고문하여 형을 모함한 죄로 죽게 만든 우의정 이항복의 마음고생이 심했다. 고민에 고민을 거듭하던 이항복은 2월 12일 임금에게 상소를 올려 사실을 고백하고 대죄待罪(죄인이 처벌을 기다림)를 청했다.

"옛날에 신이 판관으로서 사족의 옥사를 다스린 적이 있는데, 문신이 제 아비의 비첩을 간통했다는 것에 대하여 분명하지 않다고 생각하고, 문지가 자신의 형을 무고한 것으로 판단하여 형장을 맞고 죽음에 이르도록 하였습니다. 그런데 최근 문지의 처가 남편이 비명에 죽은 것을 원통히 여겨 문신이 제 아비의 다른 기생첩을 몰래 간통하는 것을 엿보다가 간통 현장에서 붙잡았다고 합니다. 문신의 음란함이 이와 같으니 전일의 옥사 결단에서 원통하다고 한 것을 어찌 진실이 아니라고 하겠으며, 아우가 형의 죄를 증언한 것이 무고가 아님을 어떻게 알겠습니까. 필시 전후 두 번이나 강상죄를 범했는데도 옳게 증언한 문지는 원통하게 죽었고, 손윗사람을 간음한 문신은 요행히 지금까지 죄를 면하였으니 신의 옥사 결단이 잘못된 것이었습니다. 실로 가슴을 찌르는 것 같아 차라리 땅속으로 들어가 죽어 버렸으면 합니다. 즉시 대전 앞마당에 거적을 깔고 엎드려서 석고대죄하고 싶었으나 사실을 스스로 발설하는 것은 일의 체모로 보아 온당하지 않을 것으로 생각되어 우선 참고 있었습니다. 이제 듣건대 사건의 전모에 대한 장계가 이미 올라왔다고 하니, 아직 전하께서 허가하기 전에 미리 스스로 책망하기에 급급하여 감히 엎드려 대죄를 청합니다."

이항복의 상소에 광해군은 "그런 정도로 대죄를 청할 필요는 없다"고 위로했다.

문씨 가문의 몰락 　　　문신이 저지른 죄는 아버지와 같은 서열에 있는 사람을 범한 것이기 때문에 일반적인 간통보다 죄가 훨씬 무거우며, 백성들에게 본보기를 보이기 위해서라도 온 나라가 떠들썩할 정도로 크게 다루어야 한다는 것이 조정 대신들의 중론이었다. 결국 의정부, 사헌부, 의금부 세 기관에서 합동으로 심문하고 처리하는 삼성추국三省推鞫▪을 열어서 사건을 처리하게 되었으니 문신이 살아날 구멍은 어디에도 없게 되었다.

그런데 이상하게도 광해군이 특별한 이유도 없이 삼성추국을 자꾸 미루었다. 광해군에게는 그럴 만한 사정이 있었다. 문신의

▪ 추推는 죄를 심문한다는 뜻이고, 국鞫은 죄인을 궁리窮理한다는 뜻으로 죄인에게 물리력을 써 죄과를 추문하는 일을 말한다. 이와 달리 물리력을 쓰지 않고 심문하는 것을 '평문平問'이라고 한다. 인간의 기본적인 도덕을 저버린 강상 사건에 대해서는 임금의 특지特旨에 따라 의정부·사헌부·의금부의 관원이 합석하여 추국을 행했기 때문에 삼성추국이라 한다. 삼성추국을 받아야 하는 죄인을 '삼성죄인'이라 한다.

아버지 문홍도가 정인홍의 문하로 유성룡을 물러나게 하여 자신의 입지를 견고하게 하는 데 큰 역할을 한 사람이었기 때문이다. 북인北人의 도움을 받아 왕위에 오른 광해군으로서는 문신의 죄를 묻는 것이 부담스러웠던 것이다.

결국 문신 본인이 죄를 자백한 날로부터 몇 달이 지난 광해군 4년 3월 18일 되어서야 1차 삼성추국이 열렸고, 다음 달인 4월 21일 2차 삼성추국이 이루어진 뒤 문신의 사형이 집행됐다.

그렇다면 문홍도의 첩으로서 그 아들 문신과 간통한 명개는 어찌 되었을까? 문신의 사형을 집행한 후 의금부에서 명개의 처리 문제로 다시 장계를 올렸다.

조선남녀상열지사

"본인은 그런 사실이 없다고 발뺌을 하지만 문신과 옷을 벗고 한 방에 있었던 명개 역시 처벌받아야 마땅합니다."

문신의 옥사는 윗사람과 두 번이나 간음했다는 공론이 탄핵의 시작이었기 때문에, 명개 역시 형벌을 면하기는 어려웠다. 그러나 삼성추국이 있은 뒤 위관委官(조사관)이 근거할 사실이 없다고 입계入啓(임금에게 글을 올리는 것)하는 바람에, 의금부에서 처리하기가 난감해졌다. 의금부에서는 단지 임금의 명을 받들어 추국할 뿐이라며 대신들에게 명개 문제를 의논할 것을 청하였다.

좌의정 이덕형은 "사형에 처하려 한들 누구를 이 일에 관련시켜 옥사를 성립시킬 수 있겠는가. 이 죄는 실정을 알아내면 상형常刑(일정한 법도나 형벌)이 있으니, 근거가 없으면 방면시켜야 한다. 억견臆見으로 볼 때 정배定配(죄인을 다른 곳으로 보내어 감시받으며 생활하게 하는 형벌)시키는 것은 미안스러운 일이다. 꼭 해야 한다면 사헌부에서 풍문에 의거해 잡아 가두고 다스려 조처하는 것이 어떻겠는가" 하였고, 영중추부사 기자헌奇自獻은 "사헌부가 이미 체포하여 가두었으니 반드시 결말을 내어 처치하는 일이 있을 것이다." 하였다.

명개가 비록 죽을죄를 저지르기는 했으나 간음죄는 매우 밝히기 어려운 것이므로 옥사를 결단할 때 신중을 기해야 한다는 주장이었다. 결국 의금부에서는 명개를 석방하도록 결론을 내렸고, 사헌부에서도 사족인 문홍도와 문신, 문지 형제가 모두 죽었으므로 명개를 처벌할 근거가 남아 있지 않다고 하여 석방하기에 이르렀다.

문신은 명개와의 간통 현장을 문지의 처에게 들킴으로써, 동생 문지를 모함하여 억울한 죽음을 당하게 한 것이 드러나 사형에 처해졌다. 그러나 명개의 경우는 간통 상대자인 문신이 죽음을 당한 뒤여서 간통 사실을 명확히 밝힐 수 없었다. 그런 까닭에 단지 풍속을 바로잡는다는 명분으로 명개를 변방에 귀양 보내거나 벌을 주기 어려웠던 것이다.

유산 상속을 둘러싼 형제 간의 갈등과 아버지의 첩과 간통한 일로 문신과 문지 형제가 모두 죽어 문씨 집안은 대가 끊어졌다. 문지가 억울하게 죽임을 당하는 데 결정적인 역할을 한 정인홍은 문지의 결백이 밝혀지자 자신의 손자를 그의 묘소에 보

내 제사 지내고 사죄하도록 했다. 이것을 본 모든 사람들이 통
쾌하게 여겼다고 한다.

조
선
남
녀
상
열
지
사

추문
醜聞

세 번 결혼하고 세 번 이혼한 재상

황효원 집안의 처첩 논쟁

상산군商山君 황효원은 사리를 아는 재상으로서 국가의 법을
두려워하지 않고 처음 결혼한 아내인 신씨가 자식을 낳지
못한다 하여 버리고, 다시 임씨에게 장가들어 두 아들을 낳
았는데 이번에는 또 화목하지 못하다 하여 버리고 또다시
신씨와 결합했습니다. …… 그런데 신씨가 죽은 뒤 그 어미
가 혼사를 주관했다는 구실로 공신으로서 하사받은 종인 소
근소사에게 장가를 들고 나서 혼서婚書를 나중에 작성하여
첩으로 처를 삼았습니다. …… 그의 정상情狀이 매우 간사
스러우니 주상께서는 이에 대한 조처를 하소서.

– 『성종실록』, 성종 7년 5월 2일

성종 7년 조정 관리의 비리를 감찰하는 기관인 사헌부에서 올린 상소이다. 사헌부에서 문제 삼은 것은 황효원黃孝源이 나라에서 하사받은 노비를 처로 맞이하는 과정에서 불법을 저질렀다는 것이다. 하지만 그 이면에는 평민 출신 임씨에게 얻은 두 아들을 정실부인의 자식으로 둔갑시켜 신분제도를 어지럽혔다는 이유도 자리 잡고 있었다. 조선시대에는 어머니의 신분에 따라 자식의 신분을 정하는 종모법從母法▪을 엄격하게 적용했다. 종모법에 따르면 평민인 임씨 부인이 낳은 아이들은 양반이 될 수

▪ 양인인 아버지와 천인인 어머니 사이에 태어난 자식이 어머니의 신분을 따르도록 한 법. 고려시대 이래 노비의 결혼은 노비와 양민 사이에는 허용되지 않고 노비 사이에서만 허용되었다. 노비의 자녀가 종사하여야 할 역처役處 또는 그 주인을 결정하기 위한 방법으로 정종 5년(1039) '천자수모법賤者隨母法'을 제정하여 노비는 그 모母를 따르게 하였다. 그 뒤 양인과 노비 간의 결혼이 점차 증가하자 노비 아버지와 양인 어머니 사이의 자녀에게는 '종부법從父法'을 적용하였다. 결국 부모 중 한쪽이 천인이면 천계賤系를 따르도록 규정한 것이다. 그 결과 천민의 수는 점점 증가하는 반면 군역을 부담하는 양인의 수가 감소하자, 태종 14년(1414) 양인 증가책으로 양인이 여종과 결혼하는 경우에는 종부법을 적용하도록 했다. 그러나 세조 때 이를 다시 금지하고 종모법으로 환원했다. 조선 후기 들어 사회경제가 변화하면서 신분제에도 변동이 생겨 혼인에서도 신분보다 경제력이 크게 작용하게 됨에 따라 양녀良女로서 노비의 처가 되는 경우가 늘어났다. 이에 현종 10년(1669) 당시 서인 집권층은 양역 인구를 증가시키기 위하여 노비와 양처 사이의 자녀에게 적용되던 예외 규정인 종부법을 폐지하고, 어머니의 신분에 따라 양역에 종사하도록 했다. 그러다 노비와 주인 간의 분쟁을 이유로 '종모역법從母役法'을 반대하던 남인이 정권을 잡자 노비 신분에서 벗어난 노비를 다시 본래 신분으로 돌리기도 했다. 이후 서인과 남인 정권이 교체될 때마다 이 과정이 반복되다가, 결국 영조 7년(1731) 종모법으로 확정되었다.

없는데, 황효원이 자식을 얻은 후 임씨 부인을 내치고 다시 본
부인 신씨와 결합하여 평민의 자식을 양반의 자식으로 만들었
으니 이는 엄연한 불법이라는 것이다.

　사헌부의 문제 제기에 대해 성종은 "황효원에 대해서는 논하
지 말고 소근소사는 후처後妻로 삼도록 논정하라."고 명했다. 성
종으로서는 세조 때부터 공신 작위를 받은 황효원에게 엄격한
법 적용을 하기가 쉽지 않았다. 따라서 사헌부의 탄핵 의견을
받아들이지 않고 후한 처결을 내릴 수밖에 없었던 것이다. 하지
만 사헌부에서 이러한 결정을 순순히 받아들일 리 없었다. 이
논쟁은 이후 6년간 끌며 지루하게 이어졌다.

143

추
문
醜
閒

노비가 된 사대부가 여인　세조 2년(1456) 9월 7일 어둠이 서
　　　　　　　　　　　　　서히 내려앉는 저녁 무렵, 형조참의
황효원은 거나하게 술을 마시고 입이 반쯤 귀에 걸려 집으로 돌
아왔다. 공신의 반열에 오른 지 1년 만에 다시 새로운 노비를
하사받았기 때문이다. 의정부에서 별로 높지 않은 벼슬인 종4품
사인舍人에 불과했던 황효원은, 세조 즉위 때 작은 공을 세워
단숨에 형조참의에 오르고 최고의 명예직인 공신 반열에까지
올랐다. 게다가 황효원이 하사받은 노비는 고려 말 조선 초의
대학자이며 여말삼은麗末三隱(고려 말 유학자로 이름난 세 사람. 포은圃隱
정몽주, 목은牧隱 이색, 야은冶隱 길재)의 한 사람인 목은 이색李穡의 손

자로 진무鎭撫 벼슬을 지냈던 이유기李裕基의 딸 소근소사小斤召
史였다. 목은 이색은 조선조에서도 관직으로 불러들이려고 여러
번 사람을 보냈을 만큼 뛰어난 학자였고, 이색의 손자이자 이유
기의 종형제인 이계전李季甸 역시 당대 최고 문인이면서 수양대
군이 권력을 장악하는 계기가 된 계유정난에 크게 기여하여 정
난공신 1등에 봉해진 바 있다. 그러나 이렇듯 승승장구하며 부
와 명예를 누렸던 소근소사의 집안은 이유기가 세조를 몰아내
고 단종을 복위시키려 한 사육신 사건에 연루되어 역적으로 몰
리면서 풍비박산이 나고 말았다. 이유기의 누이인 효전孝全과
부인 설비雪非, 그리고 딸 가구지加仇之, 말비末非, 막금莫今, 소
근소사는 모두 뿔뿔이 흩어져 공신 집안의 노비로 들어가는 운
명이 되었다.

　황효원으로서는 사대부 집안의 여인을 노비로 하사받았으니
더한 기쁨이 없었다. 더구나 소근소사는 미혼에다가 빼어난 미
인이었다. 황효원은 소근소사를 여느 노비와 다르게 대했다. 소
근소사와 함께 노비로 받은 황선보의 누이 소사召史에게는 집안
일과 농사일 등 온갖 잡일을 시켰지만, 소근소사에게는 별채 방
을 따로 마련하여 기거하게 하면서 몸단장을 곱게 시키고 손끝
에 물 한 방울 묻히지 못하게 했다.

　소근소사는 노비 처지에 아무 일도 하지 않고 놀고먹으려니
오히려 불안하기만 하였다. 그러다 몇 달 뒤 황효원의 명을 받
고 사랑방으로 불려 간 뒤에야 비로소 일의 내막을 알아차렸다.

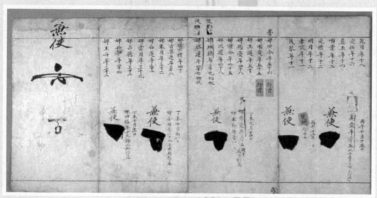

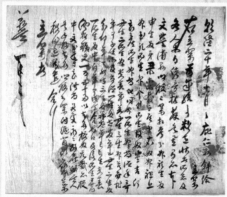

노비의 호적인 노비안奴婢案(위)과 노비문서(왼쪽). 조선시대에는 부모의 어느 한쪽이 노비인 경우 그 자손은 대대로 노비 신분으로 규정되었다. 노비 신분에서 벗어날 방법이 원천적으로 차단되었던 것이다. 그러나 16세기 이후 경제력에 바탕을 둔 납속納贖 등의 방법을 통해 끊임없이 양인으로 신분 상승하였고, 이러한 추세에 따라 순조 1년(1801) 6만6067구의 공노비를 혁파하였다.

아무리 신분이 낮아 주인 마음대로 부릴 수 있는 노비라고 해도 어디까지나 국가의 재산이기 때문에 주인 마음대로 손을 대서는 안 되었다. 양반 사대부 집안에서 관리하고 있다 해도, 기본적으로는 나라에 속한 재산이므로 노비를 함부로 죽이거나 사사로운 감정으로 처첩妻妾으로 삼는 것은 법으로 금지되어 있었다. 하지만 법은 법이었을 뿐 실제로는 노비와 주인 사이에 성적 관계가 비일비재했으니, 소근소사가 바로 그런 일을 당하게 된 것이다.

생사여탈권을 쥐고 있는 주인의 손길을 벗어날 수 없음을 잘 아는 소근소사는 황효원의 요구를 거절할 수 없었고, 결국 황효원의 비첩婢妾이 되어 후원에서 지내게 되었다.

두 명의 정실부인 　　　　황효원의 결혼 생활은 그리 평탄하지 못했다. 황효원이 젊은 시절 얻은 첫 부인 신申씨는 결혼한 그날부터 아프기 시작해 병치레가 끊이지 않았고, 그 때문인지 자식을 낳지 못했다. 대를 이을 아들을 얻는 것이 사내대장부의 가장 큰 소임 중 하나이던 시대에, 황효원으로서는 실로 황당하고 민망한 일이었다. 저세상에 가서 무슨 면목으로 조상님을 뵙겠는가!

생각하다 못한 황효원은 신씨와 이혼하기로 마음먹었다. 3000가지 불효 중 후사를 잇지 못하는 것이 가장 큰 불효라 했고,

또 불임은 칠거지악七去之惡 중 하나였으니 신씨 부인도 남편의 말을 따를 수밖에 없었다.

자식 문제가 아니라도 황효원과 신씨의 부부 관계는 그리 돈독하지 않았던 듯하다. 황효원은 늘 골골대는 신씨 몰래 다른 여인과 부적절한 관계를 맺기도 했다. 같은 동네에 사는 이웃 중에 왕족으로 부직장副直長 벼슬을 하다 일찍 세상을 떠난 이제충李悌忠의 부인이 신씨와 자매처럼 지내며 자주 왕래했는데, 그때 황효원이 이제충의 처를 방으로 불러 사랑을 나누곤 했다는 소문이 세간에 자자했다.

자식 문제로 고민하던 황효원은 결국 신씨와 이혼하고 평민인 임林씨를 후실 부인으로 맞이했다. 조선시대에는 정실부인은 오직 한 명만 인정을 받았고, 정실부인의 몸에서 난 자식만이 양반 사대부의 지위를 얻을 수 있었다. 중매를 해서 사주단자를 주고받은 다음 혼인해야 처妻가 되고 중매 없이 두 사람이 만나 결합하면 첩妾이 되는데, 첩의 자식은 양반이 될 자격이 없었다. 신씨와 이혼하지 않으면 두 번째 부인의 몸에서 자식을 얻더라도 적자嫡子가 될 수 없었던 것이다.

그런 까닭에 이혼하기로 합의하긴 했지만, 신씨 집안은 물려받은 재산이 많은 막강한 권세가였다. 황효원으로서는 신씨를 완전히 버리기가 여간 아깝고 어려운 일이 아니었다. 더구나 황효원이 신씨를 버린다는 사실이 알려지자 신씨의 오라비인 신숙문申肅文이 수원부에 소송까지 걸었다.

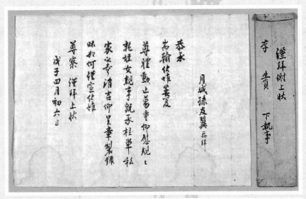

신랑 측의 청혼서에 답하여 혼인을 허락한다는 내용을 담은 연길涓吉 (위)과 혼인 증빙 문서로 신랑 집에서 예단을 갖추어 신부 집으로 보내는 서간인 혼서지(아래). 조선시대 혼례에서는 결혼식인 대례大禮 이전에 사주단자를 신부 집에 보내는 납채納采, 사주단자를 받은 신부 집에서 허혼서를 동봉하여 택일단자를 신랑 집에 보내는 연길, 신랑 집에서 신부 집에 예물과 혼서지·혼수물목을 동봉한 함을 보내는 납폐納幣의 과정을 거쳤다.

결국 황효원은 이혼한 신씨를 친정으로 돌려보내지 않고 자기 집 후원에 살도록 하고, 두 번째 부인인 임씨와 혼례를 치르는 괴이한 일을 저질렀다.

우여곡절 끝에 임씨와 혼인한 황효원은 바라던 대로 석경碩卿, 준경俊卿 두 아들을 얻었다. 그러나 사람 욕심이란 끝이 없어서 말 타면 하인에 경마까지 잡히고 싶고, 마당에 들어가면 안방을 차지하고 싶은 법. 아들을 둘이나 얻고 보니 평민 출신 임씨를 부인 자리에 두면 자식들의 출세 길이 순탄하지 않겠다는 생각이 들었다.

황효원은 이렇다 할 사유도 없이 평민인 임씨 부인과 이혼하고, 양반 출신인 옛 부인 신씨와 다시 절차를 밟아 결혼했다. 이후 황효원의 두 아들은 양반 사대부가의 정실 자식으로 무럭무럭 자라났다.

소근소사와의 세 번째 결혼

자식 문제로 두 명의 부인과 이혼과 재혼을 거듭했지만, 황효원이 가장 사랑했던 여인은 소근소사였다. 애정 없이 가문과 재산만 보고 결혼한 신씨나 아이를 얻기 위해 결혼한 임씨와 달리, 소근소사는 비록 노비이긴 하나 나이도 어릴 뿐 아니라 양반 사대부 여인의 기품과 교양을 골고루 갖추었으니 끌리지 않을 수 없었을 것이다.

소근소사를 첩으로 들인 후 황효원의 출세 길도 활짝 열렸다. 황효원은 이듬해 호조참판으로 승진했고, 상산군으로 봉해지는 영광을 안았다. 군君은 조선시대에 왕실의 종친이나 왕비의 아버지, 그리고 나라에 큰 공을 세운 공신에게 주었던 작호爵號로, 1품 공신에게는 '부원군' 칭호를 주고 2품 공신에게는 '군' 칭호를 주었다. 군을 하사받은 사람들에게는 읍호邑號라고 하여 군 앞에 출신 관계 지명을 붙여 호칭하였다. 비록 명예직이기는 했지만 공신의 반열에 올라 군으로 봉해지는 것은 최고의 영광이었다.

황효원은 그 후에도 해마다 벼슬이 올라 지금의 서울시장에 해당하는 한성부윤을 거쳐 간관 최고의 자리인 대사헌을 지내고 형조참판, 충청도 관찰사, 예조참판, 경기도 관찰사 등 요직을 두루 섭렵했다.

세상이 황효원을 돕느라 그랬는지 아니면 그의 정치적 판단이 빠른 덕이었는지, 수양대군이 왕위에 오를 때만큼은 아니었지만 황효원은 성종이 즉위할 때에도 공을 세울 기회를 잡았다. 예종이 14개월이라는 짧은 기간 동안 재위하고 스물아홉의 한창 나이에 숨을 거둔 후, 왕위 계승을 둘러싸고 논란이 벌어졌다. 예종의 아들이 있었으나 너무 어렸고, 세조의 장손인 월산군(예종의 형인 의경세자의 맏아들)은 몸이 약했던지라 정희대비貞熹大妃(세조의 비)의 명에 따라 월산군의 동생인 자을산군(성종)이 왕위를 물려받았는데, 이때 황효원이 자을산군의 왕위 계승을 적극적으로 지지하고 나선 것이다. 이러한 공을 인정받아 황효원은 성종 즉위년인 1470년 우참찬이 되고, 이듬해에는 좌리공신佐理功臣 4 등에 올라 또다시 공신 칭호를 받게 되었다.

두 번이나 공신이 되고 왕족과 같은 등급인 '군'의 반열에 오른 데다, 본부인인 신씨는 세상을 떠나고 두 아들 역시 장성하여 관직에 진출하게 되자 황효원은 오랫동안 남몰래 숨겨 두었던 소근소사를 아내로 맞이하여 새장가를 들려고 했다. 이는 소근소사도 바라고 바라던 일이었다.

때마침 성종 즉위년, 새 임금을 맞이하는 경사를 기념하여 세조 때 역적으로 몰려 노비가 되었던 사대부가의 부녀자들을 방면하여 신분을 회복시켜 주는 대사면이 이루어졌다. 이에 따라 소근소사도 사대부 부녀의 신분을 되찾았으니 이보다 더 좋은 기회가 없었다.

황효원과 소근소사는 정식 중매를 넣어 혼례를 올리기로 했다. 중매는 정창손鄭昌孫의 노비로 갔다가 역시 신분이 회복된 소근소사의 어머니가 서고 두 사람의 혼서를 꾸미기로 했다. 본부인 신씨가 세상을 떠나기는 했지만 소근소사는 어디까지나 첩이었기 때문에 정식 혼인을 치르고 후처로 등록하지 않은 한, 그녀가 낳은 아들 역시 적자가 아니라 서자 신분이었다. 소근소사는 아들 종동終同을 적자로 만들기 위해 여러 가지 일을 꾸미기 시작했다.

우선 예전에 황효원과 비밀스런 관계였던 이제충의 부인 일을 무마하려고 아들 종동과 이제충의 딸을 혼인시키려 했다. 비록 소근소사의 아들이 서자라지만 권력가 집안의 자식이니 손해 볼 것이 없다고 판단한 이제충 집안에서도 혼사를 마다하지 않았다. 두 집안의 혼인이 성사되면서 황효원과 이 부인의 부적절한 관계도 자연스럽게 정리되었다. 이제 조정의 인정을 받아 기록에 올리는 일만 남았다.

사대부가 혼인과 이혼을 마음대로 하다니

이렇게 해서 황효원이 소근소사를 후처로 들어앉히는 데 거의 성공했다고 여길 때쯤 일이 꼬이기 시작했다. 성종 4년(1473) 황효원이 소근소사를 후처로 등록해 달라는 청원을 조정에 올리려고 하는데, 엉뚱하게 1년 전 있었던 노비 고문 사실이 사헌부에 알려지게 되었다. 황효원이 자기 집 노비 오막지吾莫知가 일을 제대로 하지 않고 입을 함부로 놀린다며 사사로이 고문하고 매질을 해서 죽을 지경에까지 이르게 했던 일을 사헌부에서 문제 삼아 탄핵한 것이다. 황효원은 이 일로 파직되었지만, 사헌부에서 그것으로는 부족하다고 탄핵을 늦추지 않아 성종이 황효원의 직첩까지 거두게 된다. 일이 이렇게 되자 황효원은 소근소사를 정실부인으로 앉히려는 시도를 접을 수밖에 없었다. 공연히 분란의 소지를 만들 필요가 없었기 때문이다.

그로부터 2년 뒤인 성종 6년(1475), 황효원은 큰아들 석경이 벼슬길에 나가는 문제 때문에 또다시 사헌부의 추핵推覈을 받았다. 이 과정에서 신씨와 결혼하고 이혼한 사실, 임씨와 결혼하고 이혼한 사실과 함께 소근소사 문제까지 확대되어 알려지면서 점점 더 어려운 지경으로 치달았다.

황효원에 대한 사헌부의 조사는 상당히 세밀하게 이루어졌고, 그 결과를 놓고 조정에서 치열한 논쟁이 거듭되었다. 백성들의 모범이 되어야 할 사대부가 권력과 재력을 앞세워 혼인과 이혼을 마음대로 한다면 나라의 기강을 바로 세울 수 있겠는가. 승정원을 비롯하여 사간원과 사헌부의 간관들은 황효원의 잘못을 줄기차게 아뢰었다.

쟁점은 크게 세 가지였다. 첫 번째 부인인 신씨와 정말 이혼했는지, 두 번째 부인 임씨의 처첩 분별 여부, 마지막으로 소근소사와의 혼인이 타당한지였다.

성종 6년 3월 올라온 예조의 상소는 큰아들 석경의 과거시험 응시 자격을 문제 삼았다. 그러나 황효원의 주장이 너무 뚜렷하고 두 아들은 이미 적자 서열에 올라 있으므로 과거시험에 응시할 자격을 주되, 이들의 어머니인 임씨를 처로 할 것인지 첩으로 할 것인지 여부는 사헌부에서 가리기로 했다. 이에 따라 두 달 뒤 사헌부에서 조사한 바를 아뢰었다.

사헌부에서는 황효원이 제멋대로 이혼과 결혼을 거듭하여 나라의 기강을 어지럽혔고, 또 정처가 죽은 후에는 첩을 처로 삼는 과정에서 혼서를 추후에 작성하는 등 불법을 저질렀다고 고

하였다. 이에 대해 성종은 황효원이 공신인 점을 감안하여 죄를 묻지 않고 황효원의 뜻대로 소근소사를 후처로 정하라고 명을 내렸다. 하지만 명분을 중시하는 간관들이 성종의 결정에 굴복할 리 없었다. 사헌부에서는 소근소사를 후처로 정하는 것은 부당하다는 상소를 계속 올렸다. 고민을 거듭하던 성종은 다음과 같이 하교했다.

"그대들의 말이 어찌 잘못이겠는가? 그러나 소근소사의 집안은 본래 사대부가였으며 또 왕실과도 연관이 있다. 비록 종으로 주었으나 황효원은 그에게 예식을 치르고 장가들었으며, 그가 심문에 대답할 때에도 예식을 치렀다고 하였으니, 지식이 있는 재상으로서 어떻게 거짓말을 했겠는가? 내가 대신들에게 다시 의논을 했더니, 모두들 종으로 있을 때 성혼成婚했다고 한다. 그러니 법으로 따진다면 어떻게 적처嫡妻야 되겠는가? 그러나 정리로 따진다면 첩으로도 할 수 없으니 나의 생각으로는 그 사정은 용서할 만하다고 여겨진다."

법으로 따지면 소근소사가 적처가 될 수 없지만, 인간적인 정리로 생각할 때 용납될 수도 있다는 얘기였다. 이러한 왕의 하교에도 간관들은 뜻을 굽히지 않고 공세를 계속하였다. 견디지 못한 성종은 선왕인 세조 때 사육신의 변을 고해서 공신이 된 김질金礩의 의견을 물었다. 김질은 황효원의 행위를 삼강오륜을 어지럽힌 것이라고 규정했다. 소근소사가 비록 이색의 후손이기는 하지만 나라의 국법을 어긴 난신亂臣의 딸로 노비가 되었으니, 지엄한 나라의 법으로 볼 때 천민인 노비가 양반 사대부의 정실부인이 될 수 없다는 것이었다. 성종은 난신의 딸이라는 점을 문제 삼는다면 처로 삼을 수 없으니 소근소사를 다시 첩으로 정하라고 했다.

황효원의 반격

소근소사의 일로 신씨와 임씨의 일까지 불거지게 되고, 그 일로 인하여 자식들의 신분까지 위태로운 지경이 되자 황효원이 직접 나섰다. 5대에 걸쳐 나라의 녹을 먹은 훈구대신 황효원도 그리 호락호락한 사람은 아니었다. 황효원은 우선 신씨와 임씨 일에 대하여 자신의 결백을 주장하는 글을 올렸다.

"신이 신씨와 임씨를 함께 데리고 살지 않은 것은 명백하게 혐의가 없는데, 대간들은 신이 함께 살면서 호적을 고쳤다고 하지만 이것은 모두 그렇지 아니합니다. 신이 처음에 신씨에게 장가들었는데 속병이 있어서 끝내 아들이 없었습니다. 그래서 신의 어미가 다시 장가들 것을 재촉하여 명하므로 다시 임씨에게 장가들었는데 임씨도 사족이었습니다. 두 아들을 낳게 되자 임씨는 교만한 마음이 생겨 신의 어미조차 안중에 있지 아니하므로 신은 곧 임씨를 버리고 다시 신씨와 결합하였습니다. 그러나 헤어지고 합할 때 혐의스러운 곳이 전혀 없었습니다. 그래서 신씨의 고종 형제인 전 천안군수 우원로禹元老의 처 신씨가 신의 큰아들 석경을 사위로 삼았고, 신씨의 5촌 조카 전 영천군수 신명지申命之 또한 신의 아들 준경을 사위로 삼았습니다. 당초에 신씨를 버릴 때 신씨의 오라비가 까닭 없이 처를 버린다 하여 소송하였지만 끝내 이기지 못하였습니다.

또 신은 임오년(1460) 4월 한성부윤이 되었다가 그해 9월 다시 다른 벼슬로 바뀌었는데, 어느 겨를에 몰래 호적을 고쳤겠습니까? 신은 이러한 누명을 지고 있어 장차 억울함을 밝힐 길이 없습니다. 신은 관직에 종사하여 국록을 먹은 지 이미 오래되어 다섯 임금을 섬겼는데, 늙어서는 죄인이 되었고 지금은 또 사헌부에서 신씨와 임씨의 적첩嫡妾 구분을 정하려고 하니 실로 매우 민망스럽습니다. 진상을 밝혀낼 수 있는 자료를 신이 모두 가지고 왔으니, 청컨대 승정원으로 하여금 바르게 분변하게 하고 다시 사헌부로 하여금 취급하지 말게 해 주십시오."

조선남녀상열지사

황효원의 요청으로 처첩 분별 논의는 승정원으로 넘어가게 되었다. 황효원이 자신의 일을 사헌부가 아닌 승정원으로 넘겨 달라고 요청한 데에는 그만한 이유가 있었다. 사헌부에서 문제 삼는 것이 바로 평민을 양반으로 바꿔서 호적을 위조했다는 것인데, 이에 의하면 황효원은 나라의 국법을 어긴 중죄인이 되어 벼슬에서 쫓겨남은 물론 유배까지도 가야 할 처지였다. 그러나 불법 여부를 따지지 않고 변론을 주로 듣는 승정원에서 논의하게 되면 호적 위조 문제가 아니라 임씨 부인을 후처로 할 것인지 첩으로 할 것인지만 정하게 되므로 자신에게는 어떤 불이익도 돌아오지 않을 거라 생각했던 것이다.

공신 황효원의 주장인지라 성종도 어쩔 수 없이 승정원에 이 일을 맡길 수밖에 없었다. 승정원에서도 임씨를 후처로 정해야 한다는 주장과 첩으로 정해야 한다는 주장이 팽팽하게 맞섰다. 이 논쟁에 사헌부의 의견이 첨부되었는데, '충훈부忠勳府의 공신 자손록功臣子孫錄에 황효원의 처를 신씨라고 썼는데, 그 아들은 이름을 쓰지 않고 두루뭉실하게 범칭하였다'고 한 점을 들어 대 신들의 의견은 임씨를 첩으로 보아야 한다는 방향으로 기울었 다. 후처로 해야 한다고 주장한 정창손 등을 비롯한 훈구대신들 과 첩으로 해야 한다는 젊은 간원들의 의견이 팽팽하게 맞섰다. 만일 임씨가 첩이 된다면 그 아들들은 양반의 반열에 들 수 없 었으므로 황효원으로서는 보통 심각한 문제가 아니었다.

논쟁이 거듭될수록 황효원의 반격도 거세졌다. 황효원은 자 신은 아무런 잘못이 없고, 따라서 임씨는 후처로 해야 한다고 계속 주장했다. 조정의 격렬한 논의에도 불구하고 임씨와 신씨 의 처첩 분별 논의는 결론을 내리지 못한 채 5년간 지지부진하 게 이어졌다.

황효원은 성종 11년(1480) 소근소사의 일로 왕께 다시 상소를 올렸다. 소근소사의 소생인 아들을 사대부 반열에 들게 해 달라 는 요청이었다.

"난신 이유기가 역적의 죄를 지었으므로 그 딸자식인 소근소 사를 신에게 하사하시었는데, 저는 그 사람을 그대로 외조모의 집에 있게 하였습니다. 그때에 신이 홀아비로 있어 배우자를 구하는데 모두 늙었다 하여 혼인하겠다는 사람이 없었습니다. 신의 어미가 한스럽게 여겨 소근소사의 어미와 더불어 중매를 통하여 드디어 혼례를 이루었고, 또 그 후 성은을 입어 면방免放되어 신분이 회복되었으므로 오래전에 문제가 완전히 없어졌습니다. …… 그러므로 다만 노비로 하사받았던 소근소사와 혼인한 것만 말씀드린 바가 있는데, 성상께서는 너그러운 마음으로 헤아려 주셔서 적처嫡妻로 정하라고 명하시었습니다. 그럼에도 불구하고 대간들이 다시 논박하여 말하기를 '황효원은 공신이니, 난신인 역적의 딸로 아내를 삼을 수 없다. 마땅히 첩으로 논하여야 한다'고 주장하였습니다. 천한 여자가 공신에게 시집가서 천인賤人을 면한 자가 한 둘이 아닌데, 오직 저의 아내만 신이 공신이라는 까닭으로 적처를 강등하여 첩으로 하라고 하니, 신이 그를 불쌍하게 생각합니다. …… 또한 공신이나 난신의 자식을 벼슬에 등용하는 법은 직계 후손에게는 미치지만 외가의 후손에게는 관계되지 않는 것으로 알고 있습니다. 선왕 때 역적이었던 황보인皇甫仁·박팽년朴彭年 등의 외가 후손들이 혹은 좋은 벼슬을 지내기도 하고 혹은 과거에 급제하여 높은 벼슬에 올라가기도 하였는데, 신과 소근소사의 자녀는 출생하기 전에 외할아버지가 죄를 지은 것 때문에 사대부의 집과 혼인을 맺지 못하게 되니 일이 궁하고 형세가 절박하기만 합니다. 천은을 바라건대 신의 자녀로 하여금 사대부의 대열에 복귀하여 사족의 집과 혼인하도록 허락하여 주시옵소서."

성종은 간관들의 뜻이 완강한지라 선뜻 결정하지 못했다. 실로 난감한 상황이 계속되고 있을 때 마침 사헌부에서 황효원이 소근소사와 혼인할 때 썼다는 혼서를 올리자, 성종은 정창손·한명회·심회 등 수십 명의 신하들에게 보여 주고 논의하도록 했다. 그러나 역시 나이 많은 훈구대신들과 젊은 간관들의 의견은 좀처럼 좁혀지지 않았다. 성종이 결단을 내릴 수밖에 없었다. 성종은 다음과 같이 하교하고 이 사건을 매듭지었다.

"노비와 간통하여 첩으로 삼았다가 처로 하는 것은 법으로 본다면 불가능하다. 그러나 황효원이 소근소사에게 노비의 일을 시킨 적이 없고, 정상적인 혼인 절차를 밟아 성례를 치렀다고 하며 소근소사는 원래 사족의 딸이었으니 첩으로 하는 것 또한 말이 안 된다. 따라서 정으로 따져서 후처로 하는 것이 무난할 것이다."

성종은 결국 황효원의 손을 들어 주었다. 이렇게 해서 5년간 계속된 황효원의 처첩 논쟁은 일단락되었다. 황효원의 피나는 노력은 결실을 맺어 소근소사는 후처로 인정을 받았다. 하지만 정작 황효원은 그로부터 한 달 뒤인 성종 12년(1481) 9월 18일 세상을 떠나고 만다.

정치적으로 성공하여 공신의 반열에 올랐지만 가정생활이 평탄하지 못하여 평생 구설수가 따라다니는 불행을 겪었던 황효원. 그가 죽은 후 사관의 평도 후하지 않았다.

성질이 매우 혹독해서 지방 관리인 수령守令을 종과 같이 여겼고, 가정을 다스림에 법도가 없어 처첩 문제로 죽을 때까지 소송이 그치지 않았으며, 재화를 탐하여 사람들이 화가옹貨家翁이라 불렀다.

성인군자라도 허물이 있기 마련이니

여난女難으로 곤욕 치른 변계량

신이 지난달 초8일 사헌부의 탄핵을 당했으니, 아내가 있으
면서 다른 아내를 얻은 때문이었습니다. 그 뒤에 다시 대질
하여 물었고, 그달 그믐께 또 전처의 아비인 이촌의 소장訴
狀으로 인하여 집안의 추한 행실을 물어서 입에 담지 못할
지경에 이르렀으니, 신이 평소 행실을 삼가지 못해서 여러
소인의 비방을 부른 것으로 생각됩니다. 엎드려 바라건대
전하는 신의 직책을 전부 해임하고 한직으로 좌천시킴으로
써, 첫째는 전하께서 사람을 알아보는 밝음을 나타내고, 둘
째는 전하의 법을 쓰는 공평함을 밝히고, 셋째는 보잘것없
는 신하의 병을 섭양하는 뜻과 그칠 줄을 아는 밝음을 이루
어 주면, 나랏일을 하는 데 있어서도 다행하고 신의 몸 또한
다행하겠습니다.

— 『태종실록』, 태종 12년, 6월 26일

태종 12년(1412) 6월 26일 검교판한성부사檢校判漢城府事 변계량 卞季良(1369~1430)이 태종에게 올린 사직상소이다. 변계량은 자신이 평소 행실을 삼가지 못하여 여러 소인의 비방을 불렀다며 자책했지만, 사실 그가 사직상소를 올린 것은 자신을 파렴치한 자라고 공격하는 사람들에게 맞서는 대응 방안의 하나였다.

변계량이 사헌부의 탄핵을 당한 것은 아내가 있으면서 다른 아내를 얻은 까닭이다. 문제가 된 아내는 변계량의 세 번째 부인인 이촌李村의 딸이었다. 변계량은 궁중 내시인 이촌의 딸과 정상적인 절차를 밟아 혼인하였으나 무슨 까닭인지 부부의 예로 대하지 않고, 부인이 어느 것 하나 마음대로 할 수 없도록 심하게 감시했다. 변계량이 자기 딸을 구박한다는 소식을 들은 이촌은 크게 화를 내며 사위를 불러다 욕설을 퍼붓고는 딸을 친정으로 데려간 다음 사헌부에 소송을 했고, 이에 맞서 변계량이 사직상소를 올린 것이다.

사실 변계량이 집안일로 구설에 오른 것은 이번이 처음이 아니었다. 존경받는 학자이자 관료로 후세에까지 이름을 떨친 그였지만 유독 가족사가 평탄하지 못했고, 이로 인해 여러 차례 정치적 위기를 겪었다.

조선남녀상열지사

조선 최고의 문장가   변계량은 고려 말엽인 공민왕 18년
                        (1369) 검교판중추원사檢校判中樞院事

를 지낸 변옥란卞玉蘭의 둘째 아들로 태어났다. 어려서부터 총명하여 네 살에 고시古詩를 외우고, 여섯 살에는 글을 지었다. 또한 여말삼은의 한 사람인 목은 이색과, 조선을 세우고 제도와 문물을 정비하는 공을 세워 개국공신 자리에까지 올랐던 권근權近 등에게 글과 문장을 배워서, 고려 말 우왕 때인 열네 살에 진사 시험에, 열다섯 살에 생원 시험에 합격했고 열일곱 살에 문과에 급제하여 전교주부典校主簿라는 벼슬자리에 나아갔으니 가히 그 영민함을 미루어 짐작할 수 있다.

변계량은 조선 개국 후에도 태조 대부터 세종 대까지 20여 년 가까이 대제학大提學을 맡으며 과거 시험과 외교문서 등 문장과 관련되는 거의 모든 일을 도맡아 보았다. 태종 12년(1412)에는 세자우부빈객世子右副賓客을 맡아 세자 양녕대군讓寧大君의 교육을 담당할 정도로 왕의 신임을 한 몸에 받았다.

그는 문학에도 조예가 깊어 관인문학官人文學의 전통을 잇는 대표적인 인물로 손꼽힌다. 변계량의 작품 중 조선의 건국을 찬양한 경기체가景幾體歌 「화산별곡華山別曲」과, 유학의 덕목을 노래한 시조 두 편도 유명하다. 변계량이 지은 「화산별곡」은 악장樂章(조선 초기에 발생한 시가 형태의 하나로, 나라의 제전祭典이나 연례宴禮 같은 공식 행사 때 궁중 음악에 맞추어 불렀다. 주로 조선 왕조의 개국과 번영을 송축했다.)으로 쓰이기도 했다.

변계량은 이처럼 문장에 뛰어난 재주를 지녀 조선 초기 최고의 문장가로 꼽혔다. 대제학으로 재직한 20여 년간 중국과의 외

추문醜聞

변계량의 필적과 그의 대표작인 「화산별곡」(위). 변계량은 정도전과 권근의 뒤를 이어 조선 초 관인문학을 좌우했다. 20년 동안 대제학을 맡고 성균관을 장악하면서 외교문서를 도맡아 쓰고 문학의 규범을 마련했다. 태종 7년(1407) 문과에 급제한 후 태종 말까지 예문관 대제학·예조판서·의정부참찬 등을 지내다가 세종 2년(1420) 집현전이 설치된 뒤 집현전 대제학이 되었다. 왼쪽은 변계량 초상.

교문서를 도맡아 작성했으니 그의 문장력이 얼마나 뛰어났는지 알 수 있다. 또한 태종 때에는 정치력을 발휘하여 세종 1년 (1419)에 대부분의 관료들이 반대하는 왜구 토벌을 강력히 주장하여 기해동정己亥東征(대마도 정벌) 성공에 공헌하기도 했다. 과거 시험관으로 있을 때는 어느 것에도 휘둘리지 않는 뚝심으로 공정한 심사를 하여 많은 사람의 숭앙을 받았다.

이렇듯 존경받는 학자이자 관료였지만, 아내의 일과 누이의 일 등 집안 문제로 평생 근심 걱정이 떠날 날이 없었다. 특히 누이인 변씨 부인이 노비와 간통한 사실을 숨기려고 남편과 동생이 역모를 꾸민다고 거짓으로 고변하는 바람에 큰 고초를 겪었다.

종놈과 놀아난 누이

변계량의 바로 손위 누이인 변씨는 어린 나이에 일찌감치 박충언이란 사람에게 시집을 갔는데, 남편이 약골이어서 병치레를 자주 하다 일찍 세상을 떠나는 바람에 졸지에 청상과부가 되었다. 한창 나이에 남편을 잃었으니 상심이 컸을 텐데도 변씨 얼굴에 별로 슬퍼하는 기색이 없어 사람들이 이상하게 생각했다. 하지만 집안 사정을 자세히 들여다보면 그럴 만도 했다. 박충언이 몸이 약해 남자 구실을 제대로 하지 못한 데다가 자상하지도 않고 폭력적이어서 원만한 가정생활을 누리지 못했던 것이다. 그래서였

을까? 변씨 부인은 남편 박충언이 살아 있을 때부터 집안의 사
내종과 부정한 관계를 맺고 있었다. 게다가 변씨 부인과 간통한
사내종 포대包大와 사안沙顔은 형제지간이었다.

남편 박충언이 세상을 떠나 청상과부가 된 변씨 부인은 친정
인 변계량의 집으로 옮겨 왔다. 하지만 친정에서 지내는 하루
하루가 즐거울 리 없었다. 남편이 죽은 것은 둘째 치고 포대와
사안을 보지 못하게 된 것이 못내 아쉬웠다. 친정으로 돌아와
별 할 일도 없이 쓸쓸히 지내는 누이를 보는 변계량의 마음도
좋지 않았다. 변계량은 누이가 안쓰러웠던지 재혼을 추진했다.

박원길朴元吉이란 사람에게 중매를 넣었는데, 혼담이 잘되어 변
씨는 전 남편이 죽은 지 1년 만인 태조 7년(1398) 박원길과 재
혼했다.

하지만 두 번째 결혼도 평탄하지 못했다. 변씨 부인은 박원길
과 자주 부부싸움을 했고, 급기야 결혼한 지 얼마 되지 않아 포
대와 사안을 불러 다시 간통하기에 이르렀다. 그러나 꼬리가 길
면 밟히기 마련이니, 변씨 부인의 간통 행각은 오래가지 않아
남편 박원길에게 들통 나고 말았다.

명문가 딸이라고 하여 한 번 결혼했던 걸 알고도 부인으로 맞
아들였는데 행실이 바르지 못한 데다 종놈과 놀아나는 꼴까지
보았으니 박원길이 가만히 있을 리 없었다. 박원길은 부인을 호
되게 야단치고 다시는 그러지 말라고 다짐받았다. 변씨 부인은
남편에게 들킬 때마다 맹세했지만 얼마 못 가 다시 종놈을 불러

들여 간통하기를 반복했다. 수없는 부부싸움 끝에 급기야 박원 길이 변씨 부인에게 손찌검을 했고, 남편의 거친 행동에 놀란 변씨 부인은 동생 변계량에게 달려갔다.

"내 남편이 성질이 포악하고 사나운 데다가 의처증까지 있어 서 백년해로하기는 힘들 것 같다. 그러니 나를 다시 다른 사람 에게 시집보내다오."

누이의 평소 행실을 잘 알고 있는 변계량은 가타부타 대답하 지 않았다. 변씨 부인은 변계량에게 기회 있을 때마다 이야기를 해 보았으나 소용없는지라 다른 수단을 강구하기로 마음을 고 쳐먹었다. 남편 박원길과 동생 변계량을 한꺼번에 없앨 악한 꾀 를 낸 것이다.

167

추
문
醜
聞

남편과 동생을 고변하다   변씨는 먼저 정부情夫 포대와 사안 을 불러 정안공靖安公 이방원李芳遠 의 집에서 일을 맡아보는 젊은 내시 김귀천金貴千에게 뇌물을 많이 주어 왕래를 트도록 했다. 이방원은 태조 7년(1398) 사병私 兵을 동원하여 정도전, 남은, 심효생 등의 반대파 세력을 습격 하여 죽인 1차 왕자의 난을 통해 국가의 모든 권력을 한 손에 쥐고 있는 실세 중의 실세였다.

변씨는 이방원 수하의 내시 김귀천과 친분을 쌓아 그를 양아 들로 삼고 노비 네 명을 선물로 보냈다. 그런 다음 김귀천으로 하여금 자신의 남편 박원길과 변계량이 역모를 꾀한다고 아뢰도록 했다. 변씨가 노비와 짜고 모의하여 보고한 역모의 내용은 이러했다.

"박충언이 일찍 세상을 떠나고 제가 홀로 있으면서 아직 박원길에게 시집가기 전인 태조대왕 재위 때 있었던 일입니다. 그해 정월 이양몽李養蒙이란 사람이 그의 형인 이양중李養中이 부인과 사별하고 혼자 지내는 것을 딱하게 여겨 제게 중매를 넣으며 말하기를, '내가 그전부터 재주가 많은 장정을 수백 명씩이나 거느리고 있고, 우리가 모시는 주인인 태조대왕의 이복동생인 의안공義安公 이화李和 어르신 또한 그 휘하에 군사 수천 명을 거느리고 있으니 하루아침에 난을 일으키면 내가 대장군이 되지 말란 법이 있느냐'고 하였습니다. 그러나 제가 보기에 이양몽이란 사람의 말이 허풍이 심한 것 같고 사람 됨됨이도 별로인 것 같아 그 혼사는 잘되지 못했습니다. 나중에 제가 박원길에게 시집가서 남편에게 그 이야기를 하였더니, 박원길이 맞장구를 치며 말하기를, 자신도 어느 날 의안공을 뵌 적이 있는데 공이 말하기를 '자네가 보기에 나의 기상이 어떠한가? 내가 대위를 얻더라도 또한 무엇이 어렵겠느냐?' 하였다고 말했습니다. 그 후 지금에 이르기까지 남편 박원길과 남동생 변계량이 이양몽·이양중 등과 더불어 몰래 난을 일으킬 것을 꾀하고 있는 줄로 알고 있습니다. 나라에 큰 변고가 될지도 모를 일이 장차 터질 것인데, 왜 일찍 그들을 처단하지 않습니까?"

조선남녀상열지사

당시 조선은 나라가 세워진 지 얼마 되지 않았고 왕자의 난 등으로 정세가 뒤숭숭한 상황이라 역모 사건에 민감할 수밖에 없었다. 이방원은 이 사실을 즉시 정종에게 아뢰었다. 정종은 원로대신들과 각 무관의 최고 대장인 절제사節制使들을 모두 모이라고 한 다음 대장군 심귀령沈龜齡으로 하여금 박원길을 잡아 국문하게 하였다. 국청에 잡혀온 박원길은 당연히 그런 일이 없다고 극구 부인했다.

생각보다 일이 커지자 겁을 먹은 변씨는 노비와 함께 도망가 숨어 버렸다가, 곧 태조의 사위인 청원군靑原侯 심종沈悰에게 잡혀 포대와 사안 형제와 함께 갇혔다. 박원길과 이양몽 등도 함께 심문을 받았다. 심문 과정에서 변씨는 "이양몽은 의안공 휘하 패거리들의 우두머리입니다. 제 남편과 함께 의안공을 임금으로 세우기를 도모하여 장차 거사하려고 하였습니다."라고 진술했다.

역모 사건이 나면 그것이 사실이든 아니든 상관없이 왕족들은 벌벌 떨 수밖에 없었다. 신분상 늘 역모 사건에 휘말릴까 노심초사했고, 사건에 연관되었을지도 모른다는 의심만으로도 바람 앞의 등불처럼 목숨을 부지하기 어려웠다. 말도 안 되는 모함으로 시작된 옥사에서 의안공 부자는 떨면서 통곡하였다. 사건의 내용이 역모인지라 국문 현장은 고문과 매질로 얼룩졌고, 이 과정에서 박원길과 노비 사안은 곤장을 맞아 병이 들어 그만 죽고 말았다. 그러나 다른 사람을 아무리 고문하고 조사해 보아도 아무런 혐의가 나오지 않았다. 이처럼 상황이 불리하게 돌아가고 동생도 죽자 마음이 변한 포대가 드디어 이실직고하기 시작했다.

"우리 형제가 주인마님과 사통하였는데, 박원길이 그 사실을 알게 되었으므로 거짓말을 꾸며서 죽음에 빠뜨리고자 한 것입니다. 실제 그런 역모는 없었습니다."

포대의 진술에 따라 이양몽 등은 모두 석방하여 집으로 돌려보내고, 변씨 부인과 포대는 목이 베이는 형벌을 당했다. 변계량 역시 이 역모 사건에 연루되어 감옥에 갇혔는데, 정종이 그의 재주를 아껴 고문을 가하지는 않았다.

변계량은 역모 사건이 사실무근으로 밝혀지면서 무사히 집으로 돌아갔다. 다행히 사건의 전말이 드러나 누명을 벗고, 왕의 선처로 큰 고초를 겪지는 않았지만 망신살이 제대로 뻗쳤다. 제 누이가 일으킨 사건으로 나라가 발칵 뒤집히고 애꿎은 사람들이 고초를 당하여 목숨까지 잃었으니, 얼굴을 들고 다니지 못할 지경이었다. 그러나 이것이 끝이 아니었다.

조선남녀상열지사

조카 소비의 자살　　누이의 일이 마무리되어 한시름 놓았던 변계량은 10년 뒤 집안 문제에서 비롯된 또 다른 사건에 연루되어 봉변을 당하였으니, 바로 변씨 부인 소생인 질녀 소비小婢 때문이었다. 변씨 부인이 형장의 이슬로 사라진 후 오갈 데 없는 소비를 외삼촌인 변계량이 거두어 길렀는데, 소비 역시 음란하고 방종하기가 변씨 부인 못지않았다.

변계량은 10년 가까이 소비를 키운 후 시집갈 나이가 되자 밀양 사람인 구의덕仇宜德에게 시집을 보냈다. 하지만 소비는 남편과 잘 지내지 못하고 시집간 지 얼마 되지 않아 서울로 올라와 버렸다. 한양으로 올라온 소비는 외간 남자들과 어울려 놀기를 좋아하여 별군別軍(함경도 출신 군사들로 만들어진 특수부대)에 속한 김인덕金仁德과 간통하여 또 집안 망신을 시켰다.

게다가 소비의 성정이 어찌나 사나웠는지 지방의 사족인 구의덕이 감당하기 어려울 정도였다. 누이의 일도 있었던지라 소비를 썩 좋아하지 않았던 변계량은, 일가 사람인 양승지梁勝智를 시켜 소비를 잡아들여 남편이 있는 시골로 보내라고 했다. 그러나 소비가 한사코 말을 듣지 않자, 할 수 없이 양승지에게 때려서라도 집에 가두라고 했다. 그런데 양승지에게 붙잡힌 소비가 자신의 처지를 비관하여 스스로 목을 매 자살하면서 문제가 커졌다.

소비의 자살 사건은 의금부에 보고되었고, 의금부에서는 힘있는 사람이 강제로 제재하여 자유를 속박해서는 안 된다는 '위력제박률威力制縛律'을 적용하여 양승지는 곤장 70대를 때리고 주모자인 변계량에게도 반드시 죄를 물어야 한다고 태종에게 청하여 아뢰었다.

졸지에 살인자가 된 변계량은 형조에서 적용한 법규가 잘못되었다는 상소를 올렸다. 태종은 승정원에 이르기를 "짐이 비밀리에 명령을 내려 조사하라고 한 실봉實封은 남에게 보여 줄 수 없으니 승정원의 그대들이 변계량을 불러 사실을 자세히 조사하라."고 명을 내렸다. 변계량은 대궐에 나아가 임금께 직접 아뢰었다.

"저는 외삼촌으로 소비 어미의 형제가 되는 어른인데, 검사관이 이것을 제대로 보지 못하고 성姓이 다르다는 이유만으로 아무 관련이 없는 사람이 위력을 써서 강제로 자유를 구속하였다고 논한 것은 첫 번째 잘못입니다.

아무 관련이 없는 사람일지라도 그 일을 꾸민 주모자는 곤장이 70대이고, 주모자가 시키는 대로 한 자는 곤장이 80대가 됩니다. 신의 질녀가 비록 죽었으나 그것은 스스로 목맨 것이고 구타하여 죽게 한 것이 아닌데 저를 주모자라고 한 것이 두 번째 잘못입니다.

또한 성이 다른 외삼촌이 질녀에 대하여 상복을 입을 필요가 없다면 질녀도 외삼촌에 대하여 상복을 입을 수 없을 것입니다. 과연 질녀와 외삼촌이 상복을 입을 촌수를 벗어난 친척이라고 할 수 있겠습니까? 이처럼 법규를 잘못 적용한 것이 저의 경우뿐이라면 모르지만 만일 뒷날에도 이와 같이 법을 적용한다면 아무것도 모르는 일반 백성들이 어떻게 스스로 이런 것들을 밝힐 수 있겠습니까?"

변계량은 형조의 주장을 조목조목 반박했다. 자신은 소비와 인척 관계라는 점, 소비가 스스로 목을 맸다는 점을 들어 위력 제박률을 적용하는 것은 옳지 않다는 것이었다. 여러 승지들이 변계량의 말에 수긍하여 형조의 검사관을 불러 조사해 보니 모두 사실이었다. 승정원에서 이러한 정황을 정리하여 아뢰니 태종이 변계량을 불러 위로했다.

"그대가 기묘년에 누이의 일로 인하여 옥사에 잡혀 왔을 때에도 내가 마음이 무척 아팠다. 친척 중에 이와 같은 사람이 있으면 반드시 피해를 입게 되어 있는 법이다. 그대는 너무 한스럽게 생각하지 말라."

이어 태종은 즉시 명을 내려 법률을 잘못 적용한 형조판서 함부림咸傅霖을 파직하고, 정랑正郎 벼슬의 김자서金自西는 청주에, 양윤관梁允寬은 곡성에, 그리고 같은 직책인 좌랑佐郎 벼슬의 이맹진李孟畛을 원주에 귀양 보내고, 또 사법행정사무를 보는 검률檢律 벼슬의 배약裵爚 등은 곤장을 때렸다. 태종 10년(1410) 6월 13일의 일이었다.

세 번째 부인 이씨의 고발

세 번째 부인 이씨의 고발   이렇게 누이와 질녀와 관련된 일로 곤욕을 치렀건만, 변계량에게는 또 하나의 시련이 남아 있었다. 변계량이 검교판한성부사 벼슬을 하던 태종 12년(1412) 5월, 그는 아내가 있으면서 또 다른 아내를 얻었다고 하여 사헌부의 탄핵을 받았다.

변계량은 아내 복이 없었다. 처음에는 철원부사 벼슬을 지내던 권총權總의 딸에게 장가들었다가 서로 맞지 않아 이혼하고, 곧바로 오吳씨에게 장가를 들었다. 오씨는 현숙하고 아름다운 여인이었으나 몸이 약해 결혼한 지 얼마 되지 않아 세상을 떠났다. 그리하여 내시인 이촌의 딸에게 또 장가를 들었다가 몇 달 만에 버리고, 도총제都摠制 벼슬을 하는 박언충朴彦忠의 딸에게 다시 장가를 들었다.

문제는 박언충의 딸을 부인으로 맞으면서 이촌의 딸을 내보낸 데서 발생했다. 비록 후처였지만 사대부 집안이며 명문장가로 조정에서 신망이 높은 변계량에게 딸을 시집보내고 흐뭇해했던 이촌은, 자신의 딸이 변계량에게 구박받는 걸 알고 분기충천하여서 딸을 데려가 버렸다. 이촌의 딸이 친정으로 가 버리자 변계량은 곧 박언충의 딸에게 다시 장가를 들었다.

딸에게 전후 사정을 들은 이촌은 변계량을 상대로 소송을 냈다. 부인을 두고 또 다른 부인을 얻었으므로 일부일처제*를 위반했다는 것이었다. 이촌은 변계량이 자기 딸을 부부의 예로 대접하지 않았을 뿐만 아니라 방에 가두고 작은 창구멍으로 음식을 들여보내 먹도록 했으며, 대소변도 자유롭게 보지 못하게 하였다고 주장했다. 이에 사헌부에서 진상을 조사하여 변계량을 탄핵하는 상소를 올리자, 변계량은 그에 맞서 사직서를 제출했다.

변계량과 이촌의 딸의 관계가 소원했던 이유는 알 수 없다.

그러나 『실록』에 이촌의 고소 내용에 대한 변계량의 반박이 나와 있지 않은 것으로 미루어 볼 때 두 사람의 결혼 생활이 순탄하지 않았던 건 분명한 사실로 보인다.

하지만 사실이 어떠했든 간에 이촌은 변계량의 적수가 못 되었다. 아무리 이촌이 궁중에서 힘을 가지고 있고 법에 호소한다 해도, 조선을 세우고 이끌어 간 중심 세력이자 양반 사대부였던 변계량의 반격 앞에서는 무기력할 수밖에 없었다. 변계량은 사헌부의 탄핵에 맞서 임금에게 사직서를 제출하는 초강수를 들고 나왔고, 나라의 인재를 함부로 내칠 수 없었던 태종은 변계량의 사직서를 반려했다.

태종은 사헌부 관리를 불러 "비록 성인군자라도 작은 허물이 있기 마련인데, 하물며 그 아래 사람은 어떻겠는가? 만일 지금

조선시대 일부일처제는 태종 대에 법률화되고 정책적으로 확립되었다. 첫째 부인 외의 다른 부인들은 모두 첩으로 규정하였으며, 첩의 자식은 서자라고 하여 차별하였다. 뿐만 아니라 여성의 재가에 대하여는 "재가한 자의 자손에게는 현직顯職을 서叙하지 않는다"라는 내용을 반포하여 재가한 자의 자손에게까지 가혹하게 연좌시켰다. 세종 시대를 거쳐 성종 8년에 이르러서는 부녀의 재가를 금하는 명을 내리어 재가한 자의 자손은 벼슬에 천거하지 말도록 하는 율령을 지었다. 아예 법으로 과부의 재가를 금지시켰던 것이다. 그러나 남자의 경우 처가 사망한 후 3년을 원칙으로 했지만, 실제로는 이것조차 잘 지켜지지 않았다. 이처럼 조선 사회에서 일부일처제를 법으로 정하여 다처제를 금지하였지만, 실제로 고려시대와 같은 다처제의 유습이 존재하다가 중종조 이후 후기로 내려가면서 일부일처제도와 처첩제도가 확립되었다. 따라서 조선 초기는 일부일처제를 지향하고자 하는 법제의 확립 시도와 일부다처제가 적지 않게 행해지는 실제 관행이 상충한 시기로서 이에 따른 쟁송과 논란이 많았음을 알 수 있다.

추
문
醜
聞

변계량을 파직하면 나라의 문장과 과거 시험을 누가 감당하겠는가? 그러니 그만 탄핵하도록 하라."고 명하였다. 이촌이 제기한 고소 사건은 아무런 결과도 얻지 못한 채 그렇게 끝나고 말았다.

성품이 옹졸하고 편벽하여 누이의 간통부터 부인 문제에 이르기까지 변계량의 삶을 뒤흔들었던 '여난女難'은 일단락되었으나, 일련의 사건들로 인하여 변계량은 명성에 큰 타격을 입었다. 조선을 대표하는 문장가이자 뛰어난 관료였던 그도 집안 문제만큼은 어찌하지 못했다. 변계량은 부인을 넷이나 얻었지만, 대를 이을 정실부인에게서는 아들을 얻지 못하고 다만 첩에게서 낳은 영수英壽라는 아들 하나만 남겼을 뿐이다.

변계량은 조선 초기 학문적 기반을 닦는 데 크게 공헌하고, 당대 문인을 대표할 만한 위치에 이르렀으나, 옹졸하고 편벽한 성품으로 좋은 평을 받지 못했다. 변계량은 자신의 물건은 아무리 하찮은 것이라도 절대로 남에게 빌려 주지 않았고, 음식을 먹다가 남겨도 남긴 자리에 표를 해 두었다고 한다. 또 술을 마시다가 남으면 그 양을 알아 두었다가 술병 주둥이를 종이로 발라서 봉해 버렸다. 다른 사람이 먹지 못하게 하려는 것이었다.

세종대왕 시절 흥덕사 수리에서 공을 세웠을 때에는, 왕에게 하사받은 음식이 너무 많아 먹다가 먹다가 남아서 썩어 들어갈 지경이 되었는데도 하인들에게조차 나누어 주지 않았다. 음식이 썩어 버릴지언정 개에게조차 주지 않을 만큼 인색하고 괴팍한 성격이었다.

그러한 성품 탓이었을까? 변계량은 당대 문인들과도 별로 사이가 좋지 않았다. 시시비비가 잦았으며 사사로운 일에도 화를 잘 내어 사람들이 가까이하려 하지 않았다. 변계량은 자신의 후임으로 집현전 제학을 지낸 윤회와도 불편한 관계였다.

세종이 이르기를 "옛날 진산부원군 하륜河崙과 길창군 권근이 문사文詞를 맡았을 때, 대제학 변계량이 그 문하에 내왕하면서 배웠다. 이제 집현전 부제학 신장申檣이 변계량의 문하에 내왕하면서 익히고 있다. 처음에 계량에게 묻기를, '경을 이을 주문자主文者(대제학의 별칭)가 누구인가?' 하니, 계량이 신장이라고 대답했다. 그때 윤회의 문예가 신장보다 우월하였으나 본래 계량과 의견이 맞지 않았는데 이에 이르러 더욱 좋지 못하였다."고 하였다.

세종은 일단 변계량의 의견을 고려하여 윤회를 예문관 제학으로 임명했다가, 이듬해 윤회로 하여금 집현전 제학을 겸하게 했다.

　　내게 좋다 하고 남 싫은 일 하지 말며
　　남이 한다 하고 의義 아녀든 좇지 말라
　　우리는 천성을 지키어 삼긴 대로 하리라

변계량이 남긴 시조이다. 그의 성품이나 살아온 인생역정과 동떨어진 듯하면서도, 옹졸하고 외골수인 성격의 일면을 엿볼 수 있는 작품이다.

사실 변계량의 명문장은 주로 조선에 대한 찬양과 유교의 가치를 전파하는 도구로 쓰였다. 그리하여 스승이었던 이색이나 권근에 비해 품격이 낮고 내용도 허약하다는 평을 받았다.

간통과 뇌물 사건에 휘말린 명재상

황희를 둘러싼 더러운 소문들

이번에 뜬소문으로 탄핵을 받게 되었으나 다행히 전하의 일월日月 같은 밝으심을 힘입어 무함誣陷(없는 사실을 꾸며 곤경에 빠지게 함)과 허망虛妄을 변명해서 밝힐 수 있어서 여러 사람들의 의심을 조금이나마 풀게 되고, 그대로 계속 출사하라고 명하시니 은혜가 매우 넓고 두텁습니다. …… 신이 비록 탐욕스럽고 어리석어 생각이 어둡기는 하지만 어찌 뇌물을 받은 죄명을 면할 수 있겠습니까. …… 엎드려 바라옵건대 전하께서는 신의 말할 수 없는 노쇠함을 살피시고, 감당하기 어려운 신의 중임을 가엾게 여기셔서 신을 직책에서 놓아주시고 고향으로 돌아가게 하여 길이 성은을 축수하게 해주신다면 참으로 다행함을 이기지 못하겠습니다.

－『세종실록』, 세종 10년 6월 25일

세종 10년(1428) 좌의정 자리에 있던 황희黃喜(1363~1452)가 올린 사직상소이다. 황희가 사직하겠다는 뜻을 밝힌 까닭은 재상의 자리에 있으면서 친구인 박포朴苞의 아내와 간통하였다는 추문으로 인하여 사헌부의 탄핵을 받았기 때문이다. 조선 최고의 명재상이자 청렴결백한 선비로 높이 평가받는 황희가 이런 일로 탄핵을 받았다는 것은 좀 뜻밖이다.

황희가 명재상으로 이름을 떨친 것은 예순이 넘은 후의 일이다. 그 전에는 매관매직賣官賣職으로 얼룩진 여러 사건들과 처와 관련된 친척들의 잘못을 무조건 덮으려고 한 일로 공격을 받았다. 거기에 친구의 아내와 일으킨 간통 사건까지 드러나 이를 빌미로 뒤늦게 탄핵을 받게 된 것이다.

서자로서 재상의 자리에 오르다   고려 공민왕 12년(1363) 개성에서 자헌대부資憲大夫 판강릉대도호부사 判江陵大都護府使를 지낸 황군서黃君瑞의 서자로 태어난 황희는, 고려 말에 이미 과거에 급제하여 조선이 건국될 당시에는 이미 성균관 학록이란 관직에 올라 있었다. 고려가 망하고 조선이 건국될 때 출사를 거부하고 세상을 떠나 산으로 들어간 사람들과 함께 두문동杜門洞▪으로 갔으나, 태조 이성계의 부름과 그의 재주를 썩히기 아깝다고 생각한 두문동 사람들의 권유로 세상에 나와 벼슬길에 올랐다.

황희가 서자임에도 벼슬길에 나갈 수 있었던 것은, 조선 초기
에는 정실부인과 첩의 구별 없이 능력만 있으면 여러 명의 정실
부인을 거느릴 수 있어 적자와 서자 개념이 뚜렷하지 않았기 때
문이다. 조선시대 일부일처제가 확립된 것은 태종 대에 이르러
서인데, 이때 황희는 이미 상당히 높은 벼슬자리에 올라 있었고
태종의 신임도 두터웠다.

황희는 태종 10년(1410) 7월 조정의 언로言路와 감찰을 담당
하는 기관인 사헌부의 수장인 대사헌에 임명되면서 관직 생활
의 절정기를 맞이했다. 그의 나이 마흔여섯이었다. 그러나 대사
헌이 된 뒤 설우雪牛라는 승려에게 뇌물을 받았다는 혐의로 구
설수에 휘말렸다. 개경사開慶寺 주지 설우는 불당의 은그릇을 훔
쳐 착복하여 조정의 탄핵을 받아 직첩을 빼앗겼던 자인데, 설우
가 황희는 물론이고 그보다 2년 앞서 대사헌을 지낸 김익정金益
精에게 많은 뇌물을 바쳐 죄를 가볍게 했다는 것이었다. 이 일
로 당시 사람들이 김익정과 황희를 가리켜 뇌물을 밝히는 사헌
부의 수장이라는 뜻에서 '황금 대사헌'이라고 비꼬았다.

181

추
문
醜
聞

■ 이성계의 조선 건국에 반대한 고려의 유신 신규申珪 등 72인이 개성 남동쪽
에 있는 이른바 '부조현不朝峴'이란 고개의 두문동에 들어가 끝까지 신왕조新王
朝에 출사하지 않았다. 이에 이성계는 두문동을 포위하고 72명의 고려 충신들
을 몰살했는데, 후일 정조 때 표절사表節祠를 그 자리에 세워 충절을 기렸다.

황희가 관직에서 물러나 갈매기를 친구 삼아 여생을
보냈다는 반구정伴鷗亭(위)과 황희의 초상(왼쪽).
황희는 조선 초기 문신으로 조선이 국가의 기틀을
마련하는 데 큰 역할을 한 유능한 정치가이자, 조선
왕조를 통틀어 가장 뛰어난 재상으로 꼽힌다. 사리
에 밝고 정사에 능해 역대 왕의 신임을 받았지만, 여
러 가지 의혹으로 탄핵을 받아 좌천과 파직을 거듭
했다. 문종 2년(1452년) 세종 묘에 배향되었고, 파주
의 반구정에 영정이 봉안되었다.

박포와 황희의 인연   박포의 아내와 황희의 인연은 황희
가 대사헌에 오르기 3년 전인 태종
7년(1407)으로 거슬러 올라간다. 이때 황희는 왕명을 출납하는
승정원의 우두머리 격인 지신사知申事 벼슬에 있었다. 지금으로
말하면 대통령 비서실장쯤 되는 높은 관직이다.

박포가 정종 2년(1400) 2월 2차 왕자의 난을 일으킨 주모자로
지목되어 죽임을 당한 후, 죽산竹州에 내려가 살고 있던 그의
아내가 느닷없이 황희를 찾아왔다. 갑자기 나타난 박포의 아내
는 자기 집 노비를 죽이고 쫓겨 도망 중이라고 털어놓았다. 궁
지에 몰리자 생전에 남편 박포와 교분이 있었던 황희에게 도움
을 청하러 온 것이다. 황희와 박포는 고려 말부터 함께 관직 생
활을 하였고, 조선 건국에도 함께 참여하여 친분이 깊었다.

박포는 고려 말의 무장으로 이성계가 조선을 건국할 때 공을
세워 대장군이 되었고, 황주목사로 나갔다가 1차 왕자의 난(이방
원이 정도전 일파와 태조 이성계가 아끼던 방번과 방석을 제거하기 위해 일으킨
난) 때 조전절제사助戰節制使로 활약했다. 정도전 일파의 움직임
을 정탐하여 정확한 정보를 제공함으로써 난의 진압에 큰 공을
세워 공신의 반열에 올라 죽성군竹城君에 봉해졌고, 벼슬이 지중
추원사知中樞院事 의흥삼군부義興三軍府 우군동지절제사右軍同知節
制使까지 올랐다.

하지만 박포는 자신이 세운 공보다 관작이 낮다고 불평하다
가 이방원의 미움을 받아 지금의 안성인 죽산으로 귀양을 갔다.

개국공신이었기에 오래지 않아 귀양에서 풀려 금세 서울로 올라왔지만 가슴속 불만을 다스리지 못하고 결국 일을 내고 말았으니, 방원의 손위 형인 방간芳幹을 부추겨 2차 왕자의 난을 일으킨 것이다.

『실록』에 따르면 정종 1년(1399) 겨울 동짓달 어느 날 박포가 방간의 집에서 함께 장기를 두고 있는데, 우박이 오며 하늘에 붉은빛의 기운이 나타났다. 박포가 방간에게 겨울에 비가 오고 하늘에 요사한 기운이 있다며 몸을 삼가라고 청했다. 방간이 앞으로의 처신 방법을 묻자 박포가 말하기를 "군사 관련 일을 맡지 마시고, 출입을 삼가고 의관을 정제하여 행동을 신중히 하며, 마치 고려조 자손인 여러 왕씨들이 납작 엎드려 있는 것처럼 하소서."라고 권유했다. 방간이 매우 못마땅하게 여겨 또 다른 좋은 방법은 없냐고 묻자 박포가 다시 말하기를 "옛날 중국의 주나라 태왕에게 아들 셋이 있었는데, 그중 막내아들인 왕계王季에게 왕위를 전할 뜻이 있으므로 왕계의 두 형인 태백泰伯과 중옹仲雍이 형만荊蠻으로 도망했는데, 지금 왕자께서는 그렇게 하시는 것이 좋습니다."라고 하였다. 방간이 그것도 마음에 들지 않는다며 또 다른 계책을 요구하자 다시 말하기를 "정안군靖安君 방원은 군사가 강하여 많은 무리가 붙어 있고, 지금 왕자의 군사는 약하며 위태함이 마치 아침이슬과 같으므로 먼저 선수를 써서 쳐부수는 것이 좋겠습니다."라고 고했다.

방간이 이 말을 좇아 군사를 일으켰다. 이것이 바로 '박포의 난'이라고 불리는 2차 왕자의 난이다. 이때 공신 중에는 오직 박포와 장사길張思吉만 방간을 따르고 나머지는 모두 방원을 따랐다. 거사는 실패로 끝났고, 난이 평정된 후 박포는 주모자로 지목되어 이산尼山으로 귀양을 갔다가 방간을 유혹한 죄가 드러나 곧바로 사형을 당했다. 이때가 정종 2년 2월이었다.

대담한 박포의 아내　　　박포가 처형되자 그 부인과 자식들은 고향 죽산으로 내려갔다. 황희는 평소 박포와의 교분을 생각할 때 그의 가족을 모른 체할 수 없는 처지였다. 황희는 박포가 죽은 후 수년 동안 죽산으로 사람을 보내 위로하고 먹을 것과 재물도 보내 주며 홀로 된 박포의 아내와 자식들을 살폈다. 비록 박포가 역적으로 몰려 죽었으나 개국공신이었기 때문에 가족들은 해를 입지 않았고, 재산이나 노비도 그대로였다. 죽산으로 내려간 박포의 아내는 노복 몇을 거느리고 자식을 키우며 그럭저럭 생활을 꾸려 나갔다.

　그러면서 아직 한창 나이였던 박포의 아내는, 죽산으로 내려간 지 3년째 되는 해부터 가끔씩 종놈을 불러 욕정을 채우기 시작했다. 그러더니 점점 대담해져서 안방까지 종놈을 끌어들여 일을 벌였다. 이 정도가 되니 집안의 노복들이 모를 리 없었다. 박포의 아내에게 충성을 다하는 종들은 알고도 모른 척했으나, 생전에 박포를 섬기고 따랐던 종의 우두머리는 박포의 아내에

추
문
醜
聞

게 돌아가신 주인을 생각해서라도 그렇게 하면 안 된다고 고하였다. 한 번 두 번 들을 때는 무시하고 넘기려 했으나 만날 때마다 잔소리를 하니 우두머리 종이 눈엣가시 같았다.

박포의 아내는 정을 통한 노비와 또 한 명의 노비를 불러 숨어 있게 하고, 우두머리 종을 안마당으로 불러들였다. 갑자기 불려 온 우두머리 종이 살벌한 분위기에 놀라 두리번거리는 사이, 박포의 아내가 눈짓을 하자 숨어 있는 종들이 몽둥이를 들고 나와 닥치는 대로 매질하기 시작했다. 멈추라는 말이 있기 전까지 매질을 하라는 엄명을 받은 터라 종놈들은 쉴 새 없이 두들겨 팼다. 한참 지난 후 매질을 거두고 보니 우두머리 종은 마당에 널브러져 일어나지 못하였다. 찬물을 갖다 붓고 꼬집어도 보았지만 아무 소용이 없었다. 이미 숨을 거둔 것이었다.

박포의 아내는 죽은 우두머리 종을 거적에 싸게 한 다음 새끼줄로 꽁꽁 묶어서 집 뒤에 있는 연못에 빠트렸다. 감쪽같이 일을 처리했다고 생각한 박포의 아내는 한숨 돌리고 그때부터 노비와 마음 놓고 정을 통했다. 그런데 그로부터 한 달 하고도 보름이 지난 어느 날 연못 속에 밀어 넣었던 시체가 물 위로 떠올랐다. 지나가던 나무꾼이 이것을 발견하고 관아에 고발했는데, 시신은 이미 썩을 대로 썩어 누구인지 분간하기 어려웠다. 시신을 식별할 수 없자 죽산현감은 사라진 사람을 수소문했고, 박포의 집에서 노비 한 명이 없어진 것을 알고 정식으로 조사에 들어갔다. 박포의 아내는 간통한 종놈과 머리를 맞대고 의논해 보

조선남녀상열지사

앗지만, 뾰족한 수가 나오지 않았다. 그래서 궁리 끝에 평소 친분이 있고 여러모로 도움을 준 황희를 찾아가기로 마음먹고 급히 상경한 것이었다.

부적절한 관계　　　　　박포와의 옛 인연 때문에 무조건 모른 체할 수 없었던 황희는 박포의 아내를 거두어 자기 집 뒷마당 구석에 있는 토굴에서 생활하게 하였다. 박포의 아내는 안전한 곳에 몸을 숨기게 된 것만으로도 감지덕지했으나, 토굴에 숨어 지내는 것이 쉬운 일은 아니었다. 마음대로 외출할 수도 없고 다른 사람의 눈에 띄지 않아야 하니 낮에는 마당에도 함부로 나올 수 없었다. 잘못해서 잡히는 날에는 사형을 면하기 어려웠으므로 박포의 아내는 나 죽었소 하는 심정으로 일단 토굴에서 버텨 보기로 했다. 처음에는 그럭저럭 견딜 만했다. 하지만 하루가 지나고 이틀이 지나고 한 달 두 달이 되니 음침하고 갑갑해서 점점 견디기 어려워졌다.

　황희는 박포의 아내가 잘 지내는지 궁금하여 가끔씩 토굴을 들여다보았는데, 낮에는 조정에 나가 정무를 보아야 했으므로 어두워진 밤에나 볼 수 있었다. 젊은 두 남녀가 어두침침한 토굴 안에서 만나다 보면 감정이 통하게 되는 것은 불을 보듯 뻔한 노릇. 두 사람은 오래지 않아 연인 관계로 발전했다. 두 사람의 부적절한 관계는, 죽산에서 살인 사건 수사가 잠잠해질 때

187

추
문
醜
聞

까지 계속되었다. 그러나 아무리 조심한다 해도 여러 해 동안 관계를 이어 가다 보면 소문이 나게 되는 법이다. 나중에는 주변 사람들 중에서 이 사실을 모르는 사람이 없을 정도여서 사람들이 수군거리기에 이르렀다.

황희와 박포의 아내가 간통했다는 소문이 자자했으나, 당시에는 큰 문제가 되지 않았다. 황희의 처세술이 워낙 뛰어났고 왕의 절대적인 신임을 받고 있던 터라 누구도 나서서 문제 삼지 않았기 때문이다.

뇌물 수수 사건   박포의 아내와 황희의 간통은 그로부터 17년이나 지난 뒤인 세종 9년 (1427) 황희가 좌의정일 때 일어난 뇌물 수수 사건과 얽혀 뒤늦게 문제가 되었다. 이때 파주 임진현에 사는 중인으로 동파역참東坡驛站에서 일하는 박용朴龍이란 자의 비리 혐의에 얽혀 들었다.

평소 황희와 친분이 있었던 박용은 재물과 말을 많이 가지고 있는 부자여서 서울에 있는 여러 재상들에게 뇌물을 주고 깊은 교분을 맺고 있었다. 박용은 든든한 뒷배를 믿고 임진현에서 안하무인으로 행세하며 사대부를 욕보인 적이 한두 번이 아니었다. 그런데 세종 9년 가을 나랏일을 보려고 임진현에 내려온 판관 벼슬을 하는 조연趙憐이란 사람이 동파역참 관리가 불손하다며 매질을 하였는데, 그 말을 들은 박용이 아들과 함께 조연을 찾아가 욕을 하고 머리채를 잡아당기며 이렇게 말했다.

"서울의 재상 중에 나와 사귀어 친한 사람이 많다. 너는 겨우 오각대烏角帶(테두리에 검은 뿔 조각을 붙여 만든 띠. 정7품부터 종9품까지 벼슬아치가 두른다.)나 매는 하급 관리 주제에 어찌 나를 욕보이느냐?"

엉겁결에 봉변을 당하고 화가 난 조연이 박용을 붙잡아 임진현에 넘겼는데, 현감 이근완李根完이 "그 사람은 나도 두려워하는 자입니다."라고 하며 서울의 권력자와 아주 친하기 때문에 어쩔 수가 없다고 하였다. 한술 더 떠 박용에게 말하기를 "네가 만약 서울 권력가에게서 편지를 받아 오면 용서해 주겠다."는 것이 아닌가. 조연은 서울로 올라와 박용과 임진현감을 함께 고소하였다.

고소장이 들어오자 의금부에서 조사하면서 박용의 아들 박천기朴天己를 잡아다가 물으니 이렇게 말했다.

"아버지가 좌의정 벼슬을 하는 황희에게 말 한 필을 뇌물로 주고 또 잔치를 베풀어 대접하고 편지를 받아 왔으며, 또 대제학 오승吳陞·도총제 권희달權希達에게 각각 말 한 필씩 뇌물로 주었고, 도총제 이순몽(황상과 기생첩을 두고 다툼을 벌인 그 사람이다.)에게도 소 한 마리를 주었습니다."

황희가 박용의 아내를 통하여 뇌물을 받은 것을 확인한 의금부에서는 이 사실을 사헌부에 알렸고, 사헌부에서 황희를 탄핵하기에 이르렀다. 사건이 커지자 세종도 할 수 없이 박용과 그 아내인 복덕卜德을 의금부에 가두었다. 황희는 세종을 찾아가 자신의 혐의를 완강히 부인했다.

"박용의 아내가 제게 뇌물을 주고 잔치를 베풀어 준 대가로 편지를 받아 갔다는 것은 사실이 아닙니다."

사헌부의 탄핵이 너무나 추상秋霜같은데 황희는 무고하다고 눈물을 흘리며 항변하니 세종은 할 수 없이 박용의 아내와 황희를 대질시켜 주겠다고 약속했다. 하지만 이 약속은 지켜지지 않았다. 그리고 무슨 까닭에서인지 일주일 후 박용의 아내를 석방시켜 버렸다.

이에 불만을 품은 사헌부가 황희의 비리를 계속 캐기 시작했고, 이 과정에서 박포의 아내와 벌인 간통 사건이 거론되기에 이르렀다. 이렇게 되자 황희는 더 이상 견딜 수 없게 되었고, 세종의 간곡한 만류에도 불구하고 관직에서 물러났다.

청렴결백한 지조가
모자라 …

조선시대 최고의 명재상으로 추앙받았고 세상을 떠난 후에는 세종의 묘정廟庭에 함께 배향되는 영광을 얻었으며, 생각하는 것이 깊고 멀다는 뜻을 지닌 익翼과 나라의 재상이 되어 끝까지 잘 마쳤다는 뜻을 지닌 성成을 합쳐 '익성翼成'이란 시호를 받을 정도로 조야에 신망이 높았던 황희지만, 『실록』의 기록은 그리 긍정적이지만은 않다.

성품이 지나치게 관대하여 집안을 다스리는 데 실패하였으며, 청렴결백한 지조가 모자라서 정권을 오랫동안 잡고 있었으므로 자못 청렴하지 못하다는 비난이 있었다. 부인의 형제인 양수楊修와 양치楊治가 법에 어긋난 일을 했는데, 이것이 발각되자 황희는 이 일이 헛소문에서 나왔다고 글을 올려 변명하였고, 자신의 아들인 황치신黃致身에게는 관청에서 빼앗은 과전科田을 바꾸어 주려고 하여 또한 글을 올려 청하였다. 또 황중생黃仲生이란 사람을 서자로 삼아 집안에 드나들게 했다가, 후에 황중생이 죽을죄를 범하니 금방 바꾸어서 자기 아들이 아니라 하고는 성을 바꾸어서 조중생이라고 하니 애석하게 여기는 사람이 많았다. – 「문종실록」, 문종 2년 2월 8일

황희는 특히 출처가 불분명한 많은 재산 때문에 세인들의 지탄을 받았다. 황희는 장인 양진楊震에게 오직 노비 세 명을 물려받았고 아버지에게도 많은 재산을 물려받지 못했는데, 집에서 부리는 자와 농막農幕에 흩어져 사는 자가 많았다. 그러니 어떻게 이렇듯 많은 재물과 노비를 모았는지를 놓고 뒷말이 많을 수밖에 없었다. 권력의 자리에 있었던 여러 해 동안 매관매직하고 형옥刑獄을 팔아 뇌물을 받았을 거라는 소문이 파다했다. 그럼에도 불구하고 황희가 그처럼 오랜 세월 왕의 신임을 받고 권력을 누릴 수 있었던 이유를 『실록』은 이렇게 설명하고 있다.

그가 사람들과 더불어 일을 의논하거나 혹은 고문顧問에 대답
하는 등과 같을 때에는 언사가 온화하고 단아하며, 의논하는 것
이 다 사리에 맞아서 조금도 틀리거나 잘못됨이 없으므로 임금에
게 무겁게 보인 것이었다. 그러나 그의 심술心術은 바르지 아니
하니, 혹시 자기에게 거스르는 자가 있으면 몰래 중상하였다.

- 『세종실록』, 세종 10년 6월 25일

물론 황희가 능란한 처세술만으로 왕의 신임을 받은 것은 아
니었다. 학식이 높고 탁월한 능력을 겸비하여 일을 처리하는 데
합리적이었으며 사람들의 마음을 사기에도 부족함이 없었다. 계
속되는 탄핵을 의식해 황희가 사직상소를 올렸을 때 세종의 답
변이 이를 증명한다.

"보상輔相(황희 정승을 가리킨다.)은 중하나니, 국가가 그에게 의지
하는 까닭이다. 인재를 얻기 어려움은 예나 지금이나 같은 것이
다. 경은 세상을 다스려 이끌 만한 재주와 실제 쓸 수 있는 학
문을 지니고 있도다. 모책謀策은 1만 가지 사무를 종합하기에
넉넉하고, 덕망은 모든 관료의 사표가 되기에 족하도다. 아버님
이 신임하신 바이며, 과인이 의지하고 신뢰하는 바로서, 정승
되기를 명하였더니 진실로 온 나라의 첨시瞻視(이리저리 둘러봄)하
는 바에 부응하였도다. …… 묘당廟堂에 의심나는 일이 있을 때
이면 경은 곧 시귀蓍龜(점칠 때 쓰는 가새풀과 거북)였고, 정사와 형
벌을 의논할 때이면 경은 곧 권형權衡(저울추와 저울대)이었으니,

모든 그때그때의 시책은 다 경의 보필에 의지하였도다. 이제 어찌 뜬소문 때문에 갑자기 대신의 임무를 사퇴하려 하는가. 내가 이미 그 사정을 잘 알고 있는데, 경은 어찌 그다지도 개의介意하고 심려하는가 …… 쓰고 단 약[辛甘]을 조제하는 방도로, 옳은 것을 헌의獻議(윗사람에게 아룀)하고 불가한 것을 중지하게 하는 충성을 마땅히 더하여 미치지 못한 것을 번갈아 가며 닦아서 길이 끝없는 국운을 보전하려는 것이 나의 바라는 바이다. 혹시 굳이 사양하는 일이 없이 급히 직위에 나아가도록 하라."

황희에 대한 세종의 신임이 얼마나 두터웠는지 알 수 있는 대목이다. 세상을 다스려 이끌 만한 재주와 실제 쓸 수 있는 학문을 지니고 있으며, 모책이 1만 가지 사무를 종합하기에 넉넉하고, 덕망은 모든 관료의 사표가 되기에 족할 지경에 이르렀다니! 그러나 세종이 황희의 그릇된 면모를 몰랐던 것이 아니다. 잘못을 덮어도 넘칠 만큼의 공이 있다고 여겼기에 그를 중용한 것이다. 다음 기록은 이러한 세종의 용인술을 잘 보여 준다.

박용의 아내가 말을 뇌물로 주고 잔치를 베풀었다는 일은 본래 거짓말이 아니었다. 임금이 대신을 중히 여기는 까닭에 의금부가 임금의 뜻을 받들어 심문한 것이고, 그곳의 관리들이 거짓으로 임금에게 말씀드린 것이었다. 그러나 세종께서는 옳고 그른 것을 밝게 알고 있었으므로 또한 의금부의 관리들에게 죄를 묻지도 않았고, 혹은 좌천시키거나 혹은 다른 사람으로 바꾸지도 않았다. 만약 정말로 박천기가 말하지도 않은 것을 강제로 고문하여 진술을 받아 낸 것이라면, 사헌부와 의금부의 관원들이 어찌 죄를 받지 않았겠는가?

세종의 뜻을 알아차린 관리들이 황희의 뇌물 사건을 덮으려고 거짓을 고했으며, 세종은 이를 알고도 황희를 중히 여긴 까닭에 책임을 묻지 않았다는 것이다.

사후에 벌어진 논란　　　　황희는 고려 공민왕 12년(1363) 개성에서 태어나 문종 2년(1452) 죽음을 맞이했다. 그런데 단종 즉위년(1452), 『세종실록』을 편찬하면서 황희의 일을 사초私草에 기록한 이호문李好問에 대한 평가와 함께 황희의 사건 전반에 대한 쟁론이 불거졌다. 지춘추관사 정인지鄭麟趾가 사신史臣 이호문이 황희의 일을 기록한 것이 감정에 지나치고 근거가 없다며 마땅히 여러 사람들과 의논하여 삭제해야 한다고 임금께 고한 것이다.

정인지는 황희가 황군서의 얼자孽子(서자)라는 것은 황희 스스로 "나는 정실의 아들이 아니다"라고 하였으므로 맞는 말이나, 나머지 사초에 기록된 사건들은 전에 듣지 못하였다며 이호문의 사람 됨됨이를 믿을 수 없으니 다시 살피는 것이 온당하다고 주장했다.

이에 따라 영관사 황보인皇甫仁, 감관사 김종서金宗瑞, 지관사 허후許詡, 동지관사 김조金銚·이계전李季甸·정창손鄭昌孫, 편수관 신석조辛碩祖·최항崔恒과 더불어 함께 이호문이 쓴 사초를 의논하게 되었다. 이때 허후가 황희를 두둔하고 나섰다.

"우리 아홉 사람이 이미 모두 듣지 못하였으니 이호문이 어찌 능히 홀로 알 수 있었겠는가? 나의 선인(허후의 아버지 허조許稠)께서 매양 황상(황희를 가리킴)을 칭찬하고 흠모하면서 존경하여 마지아니하였다. 사람됨이 도량이 매우 넓으며 희로喜怒를 나타내지 아니하였다. 수상首相이 된 지 거의 30년에 진실로 탐오한 이름이 없었는데, 남몰래 사람을 중상하고 관작을 팔아먹고 옥사에 뇌물을 받아서 재물이 거만鉅萬이 되었다는 것은 믿을 수 없다. 이호문이 '김익정金益精이 황희와 더불어 잇달아 대사헌이 되어서 모두 중 설우의 금을 받았으므로, 당시 사람들이 이들을 황금 대사헌이라고 일컬었다.'고 한 것 또한 알 수가 없다. 이미 말하기를, '당시 사람들이 이를 일컬었다' 하였는데, 지금 여기에 앉아 있는 8,9인은 어찌 한 사람도 들은 적이 없는가? 이호문은 나의 친속親屬(친족)이나, 사람됨이 조급하고 망령되고 단정하지 못하여 그 말을 취하여 믿을 수 없으니, 이를 삭제함이 어떠한가?"

허후는 황희의 재산이 많은 것에 대해서도 황희 자신은 본래 창적蒼赤(노비)이 없었으나 아내 양씨가 세족世族이기 때문에 노비가 많아진 것뿐이라며 황희를 황금 대사헌이라고 일컬은 이

195

추
로
醜
聞

호문의 사초는 망언이라고 비난하였다.

김종서 역시 박포의 아내와 관련된 간통 사건에 대해 규문閨
門 안의 은밀한 일이니, 진실로 쉽게 알 수 없다고 말하였다.
김종서는 사초를 어찌 모두 믿을 수 있겠느냐며 의문을 제기했
다. 만일 한 사람이 사정私情에 따라서 쓰면 천만세가 지나도
능히 고칠 수 없다는 것이었다. 그는 찬성 권제權踶가 졸卒(죽음)
하였을 적에 사신이 쓴 것을 예로 들었다. '대체를 알고 대신의
풍도風度가 있었다'고 기록되어 있지만, 자신이 알기로 권제는
가정이 바르지 못하여 정실과 소실의 자리가 뒤바뀌고 규문 안
에 자못 실덕한 일이 있었으니 어찌 '대체를 알고 대신의 풍도
가 있다'고 할 수 있겠느냐고 반박하였다. 정인지를 비롯하여
최항과 정창손, 황보인 등도 이들의 의견에 동조하여 황희의 일
은 삭제하기로 결정을 보았다.

이호문의 인물됨에 대해서는 조정 대신들은 물론이고 간관들
사이에서도 평판이 좋지 않았던 듯하다. 성삼문은 이호문이 사
초를 가필했을지도 모른다고 의심했다.

"이호문의 사초를 살펴보건대, 오랫동안 연진烟塵(연기와 먼지)
에 묻혀 종이 빛이 다 누렇고 오직 이 한 장만 깨끗하고 희어서
같지 아니한데, 그것은 사사로운 감정에서 나와서 추서追書한
것이 분명하니 삭제한들 무엇이 나쁘겠는가?"

김맹헌金孟獻이 거들어 말하기를 "내가 이호문과 한때 한림에
있었는데, 사람됨이 광망狂妄하여 족히 따질 것이 못 된다"고 하

였다.

결국 황희는 사후 조정 대신들의 노력으로 살아생전의 불미스러웠던 일들에 대한 혐의를 벗었다. 이로써 황희는 조선 초기 국가의 기틀을 마련하는 데 일조한 유능한 정치가일 뿐만 아니라, 청백리의 전형이자 조선왕조를 통틀어 가장 뛰어난 재상이며 강직·청렴하고 사리에 밝고 정사에 능한 인물로 역사에 이름을 남기게 되었다.

황희의 간통 사건은 이호문의 인물됨과 연결되어 역사적으로 분명한 결론을 도출해 내지 못했다. 그러나 그가 공무가 아닌 사적인 일에서 사리분별이 분명하지 못하고 정에 치우치는 일이 많았던 것은 사실로 짐작되는 바이다.

황희는 늙어서도 학문을 게을리 하지 않았고 자신을 잘 보살피는 지혜가 출중하여 재상의 자리에 오른 후 24년 동안 중앙과 지방에서 어진 재상으로 추앙을 받았으며, 나이가 들수록 신선과 같은 풍모를 지녀 송나라 명재상인 문언박文彦博과 비교되었다. 이런 점은 높이 평가받아 마땅하다.

하지만 매관매직으로 얼룩진 여러 사건과 박포의 아내와 벌인 간통 사건 외에도, 처와 관련된 친척들의 잘못을 비롯하여 아들의 죄과까지 자신의 권력과 문장의 힘으로 덮으려 한 점은 오점으로 남았다. 양아들 황중생을 끝까지 책임지지 못하고 곤란한 상황에 이르자 아들의 입적을 파기하고 본래의 성인 조씨로 한 것 역시 비겁한 처사였다. 우리가 아는 '명재상'의 이면이다.

음란
淫亂

남자 사냥에 나선 시어머니와 며느리

왕실 여인들의 대담한 애정 행각

김문기의 딸인 이번의 처가 일찍이 임중경과 간통하여 일이 발각되어 탄핵을 받은 사실이 있는데 이제 김문기에게 공조 판서를 제수하시니, 집안도 잘 다스리지 못하는 사람을 육경六卿의 반열에 서게 하심은 불가합니다.

— 『세조실록』, 세조 1년 8월 9일

세조가 왕위에 오른 1455년 8월 김문기金文起(1399~1456)에게 공조판서라는 높은 벼슬을 내리자 사헌부 감찰관인 지평持平 안중후安重厚가 올린 상소이다. 집안을 제대로 다스리지도 못하는 사람에게 장관 직을 수여하는 것은 부당하다는 내용이었다.

이에 대해 세조는 "그 딸의 실행失行은 김문기가 외방外方에 있을 때의 일로서, 비록 요堯임금·순舜임금일지라도 능히 그 자식을 교화하지 못하였을 것인즉 김문기는 족히 허물할 것이 못 되며, 또 그 변방을 지킨 공로를 갚지 않을 수 없다."며 안중후의 뜻을 물리쳤다. 안중후는 물러서지 않고 다시 아뢰었다.

"김문기는 당시 형조참판이 되어 딸의 일로서 피혐避嫌(혐의를 피함)하였으니 어찌 몰랐겠습니까? 만약 가장도 아울러 좌죄坐罪하지 않는다면 뒤에 징계하지 못할 것입니다. 전하께서 이미 김문기를 위로하셨고 또 신 등의 말로써 개전改悛(뉘우치고 마음을 고쳐먹음)한다면, 김문기는 은혜에 감동하고 두려움도 알게 될 것입니다."

그러나 세조는 "다시는 계달啓達(신하가 글로써 임금께 아룀)하지 말라"며 안중후의 청을 물리치고 결국 김문기를 공조판서에 제수했다. 하지만 김문기의 딸이 벌인 간통 사건은 이후 두고두고 조정에서 문젯거리로 등장한다.

김문기는 조선 초기 문신으로 세종 8년(1426) 문과에 급제한 이후 세종 대부터 세조 대까지 한림학사·사관원 헌납·승지·함길도 관찰사·형조참판·공조판서 등의 여러 벼슬을 거치며 승승장구했다. 그런데 『실록』의 기록을 보면 김문기는 벼슬이 승차할 때마다 간관들의 끈질긴 공격을 받았다. 안중후의 상소에서 알 수 있듯 늘 딸의 불륜이 문제였다. 도대체 딸의 행실이 어떠했기에 이렇듯 번번이 김문기의 발목을 잡았을까?

남자 구실 못하는 새신랑 세종 30년(1447) 어느 봄날. 도성의 오위도총부에서 군무를 총괄하는 직위인 도진무都鎭撫 겸 형조의 관리인 지형조사知刑曹事 김문기의 집은 결혼식 준비로 바쁘게 움직였다. 아직 한미한 벼슬자리에 있지만 원대한 정치적 야망을 품고 있던 김문기로서는 매우 뜻 깊은 혼사였다.

김문기가 사위로 맞이하는 이번李蕃은 태조 이성계의 동생인 의안대군義安大君의 손자 이효경李孝敬의 아들로 상당한 힘과 재산을 가진 왕족 집안이었다. 사족으로서 왕족과 사돈을 맺는다는 것은 가문의 영광임과 동시에 출세에도 유리했기에, 사족이라면 누구나 왕족과 사돈 맺기를 바라지 않는 사람이 없었다.

그러나 들뜬 집안 분위기와는 대조적으로 혼례를 앞둔 김문기의 딸은 별로 기쁜 기색이 아니었다. 그도 그럴 것이 남편 자리가 남자 구실을 못하는 불구이고 시아버지가 될 이효경은 정신이상 증세를 보인다는 소문이 파다했기 때문이다. 집안의 미래가 걸린 혼사이기에 순순히 따르기는 했으나 내키는 결혼일

리 없었다.

　김씨의 신랑 이번은 발기부전 증세가 심한 음위陰痿였다. 여느 새색시처럼 연지곤지를 찍고 다소곳한 자세로 혼례식을 마친 후 신방에 들어간 김씨는, 첫날밤을 뜬눈으로 하얗게 지새워야 했다. 이후 시집살이도 즐거움이라고는 찾아볼 수 없는 고역의 연속이었다. 갓 시집온 새댁이니 모든 것이 낯설고 조심스러웠으며 함부로 외출할 수도 없고, 신랑의 열정적인 사랑도 기대할 수 없으니 무슨 낙이 있었겠는가.

시어머니 설씨의 간통　　그럭저럭 무료한 세월을 보내던 김씨의 귀에 어느 날 해괴한 이야기가 들어왔다. 시어머니인 설씨 부인이 시아버지 몰래 외간 남자를 자유롭게 만나 정을 통하고 있으며, 심지어 집안의 종과도 서슴없이 간통한다는 소문이었다. 어찌나 많은 남자들과 간통하였는지 서울 장안에서 알 만한 사람은 모두 안다는 것이었다.

　이번의 어머니 설씨는 죄인의 형벌을 담당하는 직위인 판사 벼슬을 하던 설존薛存의 딸로 사족의 여인이었는데, 성질이 음란하고 자태가 아름다웠으며 날마다 거울을 대하고 앉아서 곱게 화장하고는 다른 남자들에게 아양을 떨며 교태로운 행동을 많이 했다. 이효경의 집이 개성의 선죽교 건너편 숭인문 안쪽에 있는 어배동於背洞 길 옆 냇가에 있었는데, 여름이 되면 어둠을

틈타 계집종 하나를 데리고 남몰래 나가 냇물에서 목욕하다가 음란한 마음이 발동하면 남자를 불러다가 욕정을 채우곤 하여 '냇가에서 간통하는 여자는 어배동 사대부 집 자녀'라는 추문이 자자했다. 이외에도 『실록』에 기록된 설씨의 간통 행각은 실로 대담했다.

집에 종 하나가 있어 이름이 불로佛老라고 했는데, 용모가 조금 아름다웠으므로 설씨가 상시로 간통하였다가 아이를 가진 듯하니, 억지로 남편과 동침하여 이효경의 아들처럼 꾸몄다. 불로는 의복이 많았으나, 이효경은 한겨울에도 단지 옷 한 벌만 입고 버선도 벗고 있었으니, 곁에 있는 사람은 이를 불쌍히 여겼으나 설씨는 불쌍히 여기지 않았다. 집안일을 맡아보는 노비인 간사노幹事奴가 이를 원통하게 여겨 이효경에게 아뢰었으나, 이효경은 힘으로 능히 제어하지 못하고 다만 불로의 망건을 짜는 그릇만 부수었다. 불로는 스스로 편안하지 못할 줄 알고서 제주로 도망해 숨었다가 그 후에 사람을 시켜 설씨에게 말하기를 "만약 다시 보려고 한다면 옷을 만들어 보내라" 하였으니, 듣는 사람들이 이를 통분해 하였다. - 『문종실록』, 문종 2년 3월 28일

정말 기가 막히는 일은, 집안의 종과 간통하여 낳은 아이를 남편의 아이처럼 꾸몄다는 사실이다. 설씨는 불로 외에도 여러 사내와 간통했다. 오래전부터 설씨 부인의 옆집에 살던 김한金

열녀의 행적을 기리기 위해 세운 열녀문(위)과 세종이 편
찬한 『삼강행실도三綱行實圖』(아래). 『삼강행실도』에는
모범이 될 만한 충신, 효자, 열녀 105명의 행적이 그림과
함께 기록되어 있다. 이러한 제도적·문화적 장치들은 여
성들에게 정절을 강요하는 등 유교적 덕목을 강화시키는
역할을 했다.

澣이라는 자가 설씨 부인이 예쁘고 방탕하다는 소문을 듣고 호시탐탐 기회를 노리다가 우연히 외출하는 설씨를 만나 수작을 붙여 간통하기에 이르렀다. 김한은 그 어머니가 세 남편에게 시집을 갔다는 이유로 사헌부에서 만든 자녀안姿女案▪에 올라 있던 불행한 사내였다.

권력과 금력을 믿고 간통을 서슴지 않던 설씨 부인은 급기야 여동생의 남편인 순평군順平君 이군생李群生과도 간통 행각을 벌였다. 역시 왕족인 이군생이 병을 피해 거처를 옮긴다는 핑계로 이효경의 집에 와 있다가 설씨와 간통하였다는 소문이 퍼지자, 마침내 사헌부에서 설씨의 음란한 행실을 조사하기에 이르렀다. 서울의 5부 중 동쪽 행정구역을 관할하던 동부東部에서 설씨의 일을 조사했다. 그런데 그때 왕명을 출납하는 자리인 승지 벼슬을 하고 있던 김문기가 손을 써 중지시켰다. 사람들이 말하기를 "문기文起 또한 간통하였다"고 수군거렸다. 실제 김문기와 설씨가 간통했는지는 알 수 없다. 하지만 김문기가 장안에 자자하게 퍼져 있는 추문의 주인공이었던 설씨를 단지 사돈이라는 이유만으로 보호하려고 했는지 역시 알 수 없는 일이다.

▪ 세 번 이상 시집간 여성의 족보를 따로 기록한 것으로, 조선시대 여성의 자유로운 개가를 막기 위한 장치였다. 자녀안에 이름이 오른 여성의 자손은 벼슬길에 나갈 때 상당한 불이익을 받았다. 정절을 지킨 여성에게 내리는 열녀문과 함께 조선 사회에서 유교적 덕목을 강조하고 여성들에게 정절을 강요하는 정치적 제도의 하나였다.

남자 사냥에 나선 며느리　시어머니가 대담한 애정 행각을 벌이고도 별다른 처벌을 받지 않는 것을 보았으니, 그 며느리도 쉽게 대담한 마음을 품었을 법하다.

김씨의 첫 상대는 시댁에서 그리 멀지 않은 곳에 사는 임중경林重敬이라는 사내였다. 임중경은 음경이 대단히 크고 여자를 즐겁게 하는 기술이 뛰어나다는 소문이 자자했다. 하지만 소문만으로는 확신할 수 없다고 여긴 김씨는, 몸종을 먼저 보내 임중경과 동침해 보도록 했다. 돌아온 몸종에게 과연 임중경의 정력이 대단하다는 말을 들은 김씨가 즉시 임중경을 찾아가서 몸을 섞었으니 그녀의 첫 번째 간통 외출이었다.

무슨 일이든 처음이 어렵지 한 번 저지르고 나면 차츰 과감해지기 마련이다. 김씨는 그 뒤로 아무 스스럼없이 임중경을 찾아가기도 하고 집으로 불러들여 재미를 보기도 했다.

임중경과의 간통 이후 대담해진 김씨는, 같은 마을에 살며 교분을 쌓아 온 처녀들과 패거리를 지어 다니며 남자 사냥을 하기에 이르렀다. 김씨와 어울렸던 처녀는 왕실의 족보를 관리하는 직책인 판종부시사判宗簿寺事 황보공皇甫恭의 딸과 말단 무관 직위인 녹사祿事 벼슬을 한 황인헌黃仁軒의 딸 등이었다.

김씨는 패거리를 이룬 뒤부터 해가 뉘엿뉘엿 넘어가는 황혼 무렵이면 사통하려는 남자들과 더불어 사람들의 눈을 피해 몰래 북한산 기슭 후미진 숲 속에 모여 희롱하고 술을 마시며 옷 벗기기를 하는 등 음란한 행위를 일삼았다.

조선남녀상열지사

김씨의 음란 행위는 날이 갈수록 도를 더해 갔다. 김씨는 때와 장소를 가리지 않고 외간 남자와 정을 통했다. 심지어 친정인 김문기의 집에서도 간통 행위를 저질렀다.

단종 1년(1453) 초가을 어느 날, 김문기의 집 바로 이웃에 사는 우계손禹繼孫이란 사람의 아이가 아버지 눈을 피해 몰래 과일을 따 먹으려고 높은 나무에 올라갔다가 우연히 김씨의 후원을 굽어보게 되었다. 그곳에서 어떤 사내가 아름다운 여자를 안고 숲 사이에 있는 것이 아닌가. 아이가 나무에 숨어서 가만히 살펴보니 아름다운 여인은 다름 아닌 김문기의 딸이었다. 주변 시선을 아랑곳하지 않고 이토록 대담하게 간통 행각을 벌이니 소문이 나지 않을 수 없었다. 소문은 돌고 돌아 김씨의 남편 이번의 귀에도 들어갔다.

직접 사실을 확인해야겠다고 마음먹은 이번은, 부모님 댁에 다녀오겠다고 종들에게 거짓으로 말한 다음 집을 나섰다가 밤이 되어 몰래 돌아왔다. 마침내 김씨 부인의 방문을 열어젖힌 이번은 김씨와 임중경의 정사 장면을 목도하였다. 두 눈으로 직접 소문의 실체를 확인한 이번이 얼마나 참담한 심정이었을지는 짐작하고도 남음이 있다. 하지만 막상 간통 현장을 들킨 두 사람은 놀라는 기색이 전혀 없었다. 너무나 태연한 모습에 오히려 이번이 놀라 당황한 사이, 어디선가 갑자기 여종 여럿이 몰려와 다짜고짜 이번을 끌어내더니 매질을 해 댔다. 여종들에게 흠씬 두들겨 맞아 입도 찢어지고 얼굴도 부은 이번은 며칠 동안

조선시대 민화. 지팡이를 짚은 늙은 남편을 박대하는 여인의 모습을 과장되고 희화적으로 표현하였다.

방 안에 틀어박혀 끙끙대며 앓았다. 그러나 여종들에게 매 맞았
다는 사실을 밝히기도 그러하거니와 집안 체면이 달린 일이라
부인의 간통 사실을 관아에 알리지는 않았다.

"우리 딸의 죄가 얼음같이   김문기의 딸이 추잡한 간통 행각을
풀렸다"   벌이며 남편을 두들겨 팬다는 소문
은 돌고 돌아 사헌부에까지 보고되었다. 당장 조사해야 마땅한
사안이었지만, 사헌부의 총책임자였던 대사헌 박중림朴仲林이
김문기와 친척 관계여서 될 수 있으면 옥사를 늦추고 다스리지
않고 있었다. 옥사가 자꾸 늦어지자 젊은 간관들이 김문기 딸의
간통 사건을 의금부로 옮겨 국문으로 다스려야 한다고 청하였
다. 그리하여 옥사가 거의 갖추어졌을 무렵, 뜻밖에 계유정난
(수양대군이 황보인, 김종서 등을 죽이고 권력을 장악한 사건)이 일어나는
바람에 사건은 흐지부지되었고, 결국 김씨는 대사면을 받아 석
방되었다.

이 일이 있은 후 김문기는 사람들을 만나기만 하면 자랑하여
말하기를, "요즘에 추상같은 철퇴가 왔다 갔다 하더니 우리 딸
의 죄가 얼음같이 풀렸다"고 하니 부끄러운 줄도 모르는 후안무
치한 위인이라고 사람들이 수군거렸다.

김문기는 이런 추문에도 승승장구하였다. 벼슬이 승차할 때
마다 간관들의 끈질긴 공격을 받았지만 세조 때 공조판서에까

지 올랐다. 『실록』에는 김문기의 인품과 행적에 관한 기사가 자주 등장하는데, 그중에는 딸이 일으킨 간통 사건과 함께 김문기 자신이 연루된 간통 사건도 있었다.

뜻밖의 몰락　　　　　　　관직에서는 승승장구했지만 사생활에서는 서울 장안을 떠들썩하게 할 정도로 추문을 몰고 다녔던 김문기의 말로는 조금 뜻밖이다. 언제까지나 권세를 누릴 것 같았던 김문기는 세조를 몰아내고 상왕 단종을 복위하기 위해 유응부 등이 주동하여 일으킨 이른바 '사육신 사건'에 연루되어 사형을 당했다. 이렇게 아비가 역적으로 몰려 죽임을 당하자, 딸 김씨도 대사헌 자리에 있던 최항의 노비가 됨으로써 서울 장안에 뿌렸던 숱한 추문에 종지부를 찍었다.

　사대부들의 지탄을 한 몸에 받았던 김문기가 자신을 중용한 세조를 몰아내고 단종을 복위하려던 사육신死六臣과 함께했다는 것이 좀 의아하게 여겨질 수도 있다. 하지만 당시 김문기의 관직을 보면 이해가 된다. 사육신 사건이 일어나던 해인 세조 2년(1456) 김문기는 조선의 중앙 군대 전체를 통솔하는 자리로 오늘날 군제의 합참의장 정도에 해당하는 삼군도진무三軍都鎭撫 벼슬을 하고 있었다. 거사에 성공하려면 반드시 군대를 장악해야 했으므로, 성삼문을 비롯한 주동 세력들은 김문기를 거사에 동참시키려고 공을 들였다. 이에 권력욕이 대단했던 김문기가 거사의 성공을 기대하고 동참하기로 작정했던 것이다.

어찌 됐든 김문기는 세조를 몰아내는 거사에 참여했다가 목숨을 잃었고, 그 결과 그의 딸 김씨는 노비가 되었다. 수많은 남성들과 간통을 하고도 멀쩡했던 김씨도 아비의 죽음과 함께 몰락의 길을 걸어야 했으니, 권력의 승하고 쇠함이 이와 같았다.

사육신 묘역에 마련된 일곱 개의 묘

그로부터 수백 년이 지난 1977년, 김문기는 뜻밖에 논쟁의 중심으로 떠올랐다. 이 논쟁은 국사편찬위원회가 김문기를 사육신에 포함시키기로 결정하면서 촉발되었다.

일반적으로 알려진 사육신은 성삼문, 하위지河緯地, 이개李塏, 유성원柳誠源, 박팽년朴彭年, 유응부兪應孚이다. 이 여섯 사람은 조선시대 생육신生六臣의 한 사람으로 꼽히는 남효온南孝溫이 쓴 『추강집秋江集』의 「육신전六臣傳」을 근거로 후대 조정에서 인정받은 이들이다. 그런데 1977년 국사편찬위원회에서 사육신 문제 규명을 위한 특별위원회를 구성하여 논의한 끝에 "김문기를 사육신의 한 사람으로 현창顯彰(밝게 나타냄)하는 것이 마땅하다"는 결의를 만장일치로 채택했다. 종래 사육신으로 일컬어지던 여섯 신하 중 유응부를 제외하고 그 자리에 김문기를 넣어야 한다는 결정이었다.

이에 따라 노량진에 있는 사육신 묘역에는 김문기의 가묘 하

노량진에 있는 사육신 묘역(위)에 자리잡은 김문기의 묘(아래). 1977년 국사편찬위원회가 김문기를 사육신에 포함시키기로 결정하면서 사육신 묘역에 김문기의 묘가 만들어졌다.

나가 더 모셔져 일곱 기의 허묘가 만들어졌다. 사육신묘가 아니라 '사칠신묘'가 된 것이다. 이 문제를 놓고 일부 학자들이 찬반 양론을 벌여 신문 지상에 논설이 게재되기도 했다. 당시 국사편찬위원회가 김문기를 사육신으로 넣어야 한다는 증거로 제시한 『실록』의 기록은 다음과 같다.

> 이개에게 곤장을 치고 물으니, 박팽년이 말한 것과 같이 대답하였다. 나머지 사람들도 모두 공초에 승복하였으나, 오직 김문기만이 공초에 불복하였다. 杖訊李塏 對如彭年 餘皆服招 惟文起不服
>
> — 『세조실록』, 세조 2년 6월 2일

국사편찬위원회는 이 문장을 '다른 사람은 모두 세조에게 항복했지만 김문기만 끝까지 절개를 지켰다'는 뜻으로 해석하여 김문기를 사육신에 넣어야 한다고 결정했다. 그러나 이는 완전히 잘못된 해석이었다. 위 기록에서 김문기만 불복했다는 공초의 내용이, '세조를 죽이고 단종을 복위하려고 하는 거사를 주동했다'는 사실을 뜻하기 때문이다. 즉, '오직 김문기만 거사에 동참했다는 사실을 인정하지 않았다'는 의미인 것이다.

거사에 참여했던 사람들 중 오직 김문기만 자신이 거사에 관련되었다는 사실을 부인하는 것을 보고, 사관이 그를 배신자라고 생각하여 특별하게 따로 뽑아 기록한 것이다.

삼척동자도 쉽게 알 수 있는 이 문장을 국사편찬위원회 원로

란 사람들이 정반대로 번역하여 근거로 삼았으니 어처구니가
없는 일이다. 그러나 정부 기관의 결정이기에 이 문제는 아직도
해결을 보지 못한 채 남아 있다. 충忠과 불충不忠이 같은 자리에
누워 있는 형국이니 실로 통탄할 일이다. 하루빨리 잘못이 바
로 잡히기를 바랄 뿐이다.

남편의 조카와 눈이 맞다
정은부 아내와 장모의 근친상간

신 등이 소문을 듣건대 진주 사람으로 무과에 합격한 정은
부가 군관으로서 영안도에 부방赴防(타 지방 군대가 서북 변경에
파견 나가는 일)하였는데 그 아내가 정은부의 사촌 동생과 간
통하였으니 바로 하맹저河孟渚의 아들입니다. 정은부가 부방
을 마치고 집에 돌아와서 간통한 사실을 살피고는 아내를
내쳤는데 그 아내가 그대로 간통한다고 합니다. 또 듣건대
이 여자의 어미도 그 남편의 이성異姓 삼촌 조카 정윤례와
간통하였다고 합니다. 만약 한양으로 옮겨서 추국하면 실정
을 알아내지 못할 듯하니, 행대行臺(사헌부 감찰)를 보내 추국
하는 것이 어떻겠습니까?

― 『성종실록』, 성종 20년 6월 28일

성종 20년 사헌부 지평 권빈權璸이 정은부鄭殷富의 아내 정학비
가 근친상간의 죄를 지었다는 고발이 들어왔으니 조사해야 한
다고 올린 상소이다. 권빈은 학비의 친정어미인 공씨 역시 근친
상간의 혐의가 있다며, 정은부가 지방에 있어 공문서를 보내 조
사하면 실상을 제대로 알아내지 못할 가능성이 있으니 사헌부
감찰을 보내 조사해야 한다고 했다. 이 상소가 올라왔을 당시
정학비의 남편 정은부는 군관軍官으로서, 함경남도 영안도永安道
에서 변방을 지키는 임무를 수행하고 있었다.

   권빈의 청에 따라 사헌부 행대를 파견하여 조사한 바, 사건의
자초지종은 이러했다.

정은부의 음란한 아내   정은부가 영안도로 수자리(국경을 지
                      키는 일. 또는 그런 병사)를 살러 떠난
후, 학비가 독수공방하며 외롭게 지내자 친정어머니인 공씨가
정은부의 이종 5촌 조카인 하치성河致成을 데리고 와서 연결해
주었고, 학비와 하치성의 간통 행각이 날로 뜨거워지며 도를
더해 근처에 사는 사람들 중 모르는 사람이 없을 정도가 되었
다. 열烈과 충忠이 동일시되던 조선시대에 다른 사람도 아닌
친정어머니가 딸의 부정을 앞장서 주선했다니 참으로 놀라운
일이었다.

   정은부는 이웃집 어멈의 중매로 학비와 혼인하였는데, 홀어머

니 밑에서 컸지만 조신하고 아름다운 처녀라고 하여 모든 비용을 정은부의 집에서 보내 주고, 살림살이할 정도의 재산도 떼어 준 후 신부는 몸만 오게 해서 식을 치렀다. 그러나 결혼 후 학비의 행실은 조신함과는 거리가 멀었다. 오히려 남편의 조카뻘인 인물과 간통 행각을 벌일 정도로 방자한 여자였다. 학비의 간통 행각은 정은부의 동생들 귀에까지 들어갔다. 그러나 정은부의 동생들은 진실을 밝혀내어 바로잡기보다는 부모님이 걱정할까 염려하여 비밀에 부쳤다.

영안도에서 근무한 지 6개월 만인 6월 초에, 정은부가 야인들을 잘 막아 낸 공을 인정받아 보름간의 휴가를 얻어서 잠시 서울로 돌아왔다. 서울에 도착한 정은부는 우선 부모의 집을 찾아가 문안을 드리고 물러나와 동생들에게 말했다.

"내가 오랜 동안 집을 비워 안사람이 어떻게 지내는지 모르겠다. 잘 먹고 잘 지내는지 궁금해 죽을 지경이니 빨리 집으로 돌아가 봐야겠다."

이 말에 동생이 빙긋이 웃으며 대답했다.

"형님만 혼자 그렇게 생각할 뿐입니다. 아마도 잘 있을 것입니다."

정은부는 뭔가 이상한 느낌이 들어 동생을 뒷방으로 데리고 가서 다그쳐 물었다. 동생은 구체적인 내용은 말하지 않고 다만 빨리 집으로 돌아가 보라고만 할 뿐이었다. 정은부는 부모님 집에서 하룻밤 묵을 생각이었으나 동생의 말을 듣고는 무슨 일이 있는지 너무나 궁금하여 곧장 말을 달려 집으로 갔다.

집에 들어서며 다짜고짜 안방 문을 열어젖힌 정은부는 차마 눈 뜨고 볼 수 없는 광경을 목격했다. 방 안에서 아내 정학비가 조카 하치성과 정사를 벌이고 있는 것이 아닌가. 정은부는 그 자리에서 두 사람을 능지처참하고 싶었지만 나라 녹을 먹는 관료의 한 사람으로 차마 그럴 수 없어, 칼을 뽑아 두 사람의 머리카락만 잘라 증거물로 보관했다.

정은부는 아내와 조카의 간통 사실만으로도 속이 뒤집힐 지경인데, 다음 날 이 소식을 들은 학비의 친정어머니 공씨가 찾아와 하는 말이 더욱 가관이었다.

"아니! 어린 사내아이와 어린 계집아이가 오로지 장난을 좀 한 것뿐인데 어찌 갑작스럽게 머리털을 자르고 그러는가?"

정은부는 화가 머리끝까지 치밀어 올라 아내에게 친정에 가서 반성하라고 하고는 휑하니 집 밖으로 나와 버렸다. 친정에 가 있으라고 말은 했지만 실제는 버린 것이나 마찬가지이므로 학비 역시 모든 것을 포기하고 어머니 공씨와 함께 친정으로 돌아갔다.

친정으로 돌아온 공씨와 학비는 그 후 며칠 동안은 조용하게 지냈다. 정은부는 은근히 부인이 잘못을 빌며 돌아오기를 바랐지만, 공씨의 집에서는 그의 생각과는 정반대 일이 벌어졌다. 정학비가 다시 하치성을 불러다가 간통을 하는데, 이제는 이웃 사람들의 눈치도 보지 않고 낮이나 밤이나 붙어 다녔다.

이 모양을 본 정은부는 어쩔 수 없다고 체념하고 그대로 영안
도의 임지로 떠나 버렸다. 정은부가 영안도로 떠난 후에도 정학
비는 하치성과 간통을 계속했고, 이를 보다 못한 이웃 사람들이
관아에 고발하여 이 사건은 마침내 세상에 알려지게 되었다.

어머니 공씨의 추문   사헌부 행대가 조사해 보니 정학비
가 간통한 것이 확실했으므로, 사헌
부에서는 그해 7월 25일 정학비와 어머니 공씨를 함께 가두고
고문해서 진상을 밝혀야 한다는 상소를 올렸다. 정학비는 간통
혐의가 확실했으니 그렇다 쳐도, 어머니 공씨는 무슨 까닭으로
잡혀간 것일까? 공씨는 10여 년 전 떠돌았던 추문이 문제가 되
었다. 상소를 받은 성종은 이렇게 하교했다.

"저자에 사는 일반 백성들은 비슷한 것이라도 한 마디 말을
들으면 여러 사람이 따라서 어울려 소문을 내는 것이 보통이므
로 그 소문만으로는 죄를 논하기 어렵다. 왕실의 여자로 종과
간통한 권덕영權德榮의 아내처럼 확실한 증거가 있으면 붙잡아
다가 고문하지 않을 수 없으나, 공씨의 경우는 그때로부터 10여
년이나 지나서 물증으로 밝히기 어렵던 일을 친지간에 숨겨 주
는 법이 있음에도 불구하고 딸이 자백했다고 하여 갑자기 형장
을 가한다면, 옥사가 미치는 바에 죄 없이 화를 당하는 자가 반
드시 많아서 백성들의 화합을 해칠지도 모르니 내 생각으로는

추문하지 않는 것이 좋은 것 같다."

성종의 말은 학비의 죄는 이미 낱낱이 드러났으므로 물을 수 있으나, 학비의 어미인 공씨의 추문은 오래된 데다 근거가 불충분하니 조사해서 좋을 것이 없다는 뜻이었다. 또한 오래전 일을 조사하다가 옛날 권덕영 아내의 간통 사건처럼 자칫 사헌부의 관리들이 다칠 수도 있으므로 조심해야 한다는 뜻이었다. 권덕영의 아내가 일으킨 간통 사건을 조사하는 과정에서 왕실의 여인을 위에 보고하지도 않고 사헌부에서 멋대로 조사했다가 한참 동안 시끄러웠던 일이 있었으므로 경계로 삼으려는 것이었다. 그때 권덕영의 아내는 간통했다는 풍문이 사실로 확인되어 사약을 받았다.

그렇다면 도대체 학비의 어머니 공씨와 관련한 소문이 무엇이었길래, 10여 년이나 지난 후에 문제가 되었을까? 그 실상은 대략 이러했다.

공씨는 학비가 여덟 살 때 남편 정미鄭湄가 세상을 떠나는 바람에 과부의 몸으로 홀로 딸을 키웠는데, 남편 정미의 조카뻘인 정윤례鄭允禮와 간통했다는 것이었다. 소문에 따르면 학비의 어머니 공씨는 억울하게 일찍 죽은 지아비의 혼백을 위로하여 극락에 가도록 한다면서 많은 돈을 들여 무당을 불러다가 푸닥거리를 크게 열었고, 이 일을 정윤례가 옆에서 도와주었다.

당시 정윤례는 말단 무관 직인 겸사복兼司僕(왕의 신변을 보호하고 책임지는 정예 군인) 자리에 있었다. 정윤례는 힘이 세고 무술을 좀

하는 것 외에는 아무 능력이 없어서 계집질이나 하면서 못된 짓만 골라 하여 평이 좋지 않았다. 겸사복 자리 역시 사촌 할아버지인 내시 정동鄭同이 중국 사신에게 뇌물을 써서 얻은 자리였다. 성종 11년(1480) 8월 5일 중국 사신이 돌아갈 때 성종이 태평관太平館(중국 사신이 와서 머무르던 숙소. 지금의 서울 태평로에 있었다.)에 나아가 전송하였는데, 사신이 갑자기 임금께 술을 올리며 두 번이나 부탁을 하니 성종으로서도 거절할 수 없어 어쩔 수 없이 정윤례를 겸사복으로 임명했다.

공씨가 남편의 혼백을 달랜다며 굿판을 벌일 때 정윤례가 도와준답시고 왔다갔다하다가 두 사람이 눈이 맞았고, 급기야 근친상간이라는 엄청난 일을 벌이게 된 것이다. 무당 서너 명을 불러 사흘 밤낮을 쉬지 않고 벌인 굿판이 끝난 후에도, 정윤례가 공씨 집을 계속 드나들며 밤을 지새기도 하니 주변 사람들의 입방아에 오르내렸다.

223

음란淫亂

공씨의 간통을 둘러싼 논란 　　사헌부에서는 공씨의 일 역시 강상綱常에 관계되는 일이므로 추문해야

한다고 주장했지만 성종은 들어주지 않았다.

"정학비는 이미 자수하여 죄를 인정하였으니 마땅히 법률에 따라 죄를 주도록 하고, 공씨의 일은 10년 전에 있었으니 내버려 두는 것이 어떻겠는가?"

그해 8월 1일 성종이 의정부에 이 사건을 의논하라고 전교를 내리자, 우의정 노사신 등이 이렇게 아뢰었다.

"공씨의 일은 마을 사람들이 의심하여 떠들썩하게 말할 뿐이고, 서로 간통하였다고 지적하는 자가 없습니다. 침실 안의 은밀한 일은 비록 가까이에서 모든 것을 지켜보는 노비라도 또한 알지 못하는 바인데, 하물며 이웃 마을 사람들이겠습니까? 근거 없는 말을 가지고 형벌을 쓰는 데 이르는 것은 불가한 듯합니다.

반역은 천하의 큰 죄인데도 옛날에 당태종唐太宗이 말하기를, '노비가 그 주인을 반역이라고 고하면 받아들이지 말고 즉시 죽여라. 반역은 한 사람이 하는 바가 아니니, 비록 이 사람이 없더라도 어찌 고하는 자가 없음을 근심하겠는가?' 하였습니다. 노비와 주인의 분별을 그만큼 중하게 여겼기 때문에 이를 파괴하지 않으려 한 것입니다. 한 사람의 부인의 실행은 국가의 작은 일이니, 어찌 이것으로써 대강大綱을 무너뜨릴 수 있겠습니까? 지금 성상의 전지傳旨를 받자오니, 정상과 법이 모두 극진합니다. 추문하지 않음이 마땅합니다."

소문만 가지고 공씨를 처벌해서는 안 된다는 말이었다. 그 의견을 따라 성종이 공씨의 일은 추문하지 말도록 명하자 이번에는 승정원에서 들고 일어났다.

"공씨의 일은 나라의 풍속에 크게 관계됩니다. 간음한 자가 지아비의 조카이니, 그 추한 행실이 더욱 심합니다. 대저 사족의 가문에서 이 같은 일이 있으면 남들이 감히 가볍게 말하지 못하므로 그 일이 쉽게 드러나지 않습니다. 그런데도 이렇게 추행이 드러났다는 것은 심했다는 말이 되는데, 이런 정상이 드러났는데도 묻지 않는다면 어떻게 악을 징계할 수 있겠습니까?"

승정원에서 강경하게 나오자 성종으로서도 어쩔 도리가 없게 되었다. 성종은 다시 전교를 내렸다.

"공씨의 일은 진실로 강상에 관계되나 10년 전 일이고, 자취를 밝힐 만한 것이 없기 때문에 내버려 두고자 한 것이다. 지금 경들의 말을 들으니 또한 옳다. 우의정이 당태종의 말을 끌어대었는데, 이는 진실로 바꿀 수 없는 말이다. 그러나 나라의 기강을 흔드는 큰일을 당했으면 비록 노복이라 하여도 어찌 묻지 않을 수 있겠는가? 행대로 하여금 그 일을 끝까지 알아내게 하면 반드시 실정을 얻어 내려고 힘쓰다가 형장을 남용하여 상하는 사람이 반드시 많을 것이니, 지금 농사철이 아닌 한가한 때에 증거로 쓸 만한 사람만을 불러서 의금부로 하여금 잡아다 국문하게 함이 가하다."

그리하여 정학비와 더불어 공씨의 증인이 될 만한 사람들을 잡아다 국문해 보았지만, 현장에서 보았다고 증언하는 사람은 없었다. 조사가 지지부진했다.

조선시대에도 간통에 관한 일은 마땅히 간통 현장에서 붙잡아야 비로소 죄가 성립되었다. 소문이나 증언만으로 간통 혐의를 씌워 처벌할 수는 없었다. 게다가 공씨의 일은 근친 간에 일어난 간통 사건이어서 더욱 민감하였다. 대신들의 의견도 분분했다. 전하는 소문만을 근거로 서로 용은容隱(죄인을 숨겨서 보호해 주어도 나라에서 용서하여 주던 일)하는 법을 무너뜨려 고신을 남용함이 옳은 일이 아니며, 하물며 일이 10년 전에 있었으니 묻지 않는 것이 가하다는 쪽과, 정윤례가 공씨의 집을 드나들며 잠을 자추한 소문이 돌았는데도 내버려 두고 국문하지 않는다면 음란한 것이 풍습이 되어 윤리가 점점 무너져 말류末流를 막을 수 없게 될 것이라는 주장이 맞섰다. 공씨를 처벌해야 한다고 주장하는 이들은, 동리 사람에게 물어 진상을 밝힌다면 서로 용은할 자에게 묻지 않더라도 정상을 알아낼 수 있을 것이라며 목소리를 높였다.

대신들이 이렇게 치열한 공방을 벌이던 중 8월 16일 갑자기 공씨가 세상을 떠났다. 공씨가 사망함으로써 공씨의 일을 둘러싼 논란은 결론을 내리지 못한 채 없던 일이 되어 버렸다.

관비로 생을 마감하다   논란이 되었던 공씨의 처리 문제가
매듭지어지자, 딸 학비의 간통에 대
한 처결이 이루어졌다. 정학비는 지아비의 친척과 간통하고도 반성하지 않고, 버림받은 후에도 계속 간통한 죄를 물어 곤장 100대를 친 후 나라의 재물인 관비官婢로 신분을 떨어뜨린 다음 평안북도에 있는 강계부江界府로 보내 영원히 신분을 회복할 수

없게 하였다. 당시 법률로 볼 때 정학비와 간통한 하치성도 처
벌을 받았겠지만 『실록』에는 나타나지 않는다.

아내가 간통 사건으로 관비가 된 후, 정은부는 무인으로 실력
을 인정받아 출세길에 올랐다. 성종 21년(1490) 8월 장래 장수가
될 사람 명단에 올랐고,■ 연산군 2년(1496)에는 평안도 병마절도
사 바로 아래 벼슬인 종3품의 벽동진병마첨절제사碧潼鎭兵馬僉節制
使가 되었다. 정은부는 이때 강계에서 근무했는데, 이곳에서 관비
로 지내던 학비가 명주로 지은 좋은 옷을 보내고 정은부에게 만나
기를 청했다. 하지만 정은부는 학비의 청을 일언지하에 거절했다.
자신을 배신하고 근친상간의 치욕적인 행동을 했던 과거의 아내
가 아니던가. 정은부에게 학비와의 관계는 다시는 생각하고 싶지
않은 수치였을 것임은 자명한 일이다. 지아비가 나라의 일로 임
지에 나가 있는 동안 다른 사람도 아닌 족질과 위험한 정사를 벌
였던 정학비는 결국 관비로 그 기구한 일생을 마감했다.

노림老貪으로 얼룩진   정은부는 이후 더욱 출세가도를 달
정은부의 말년   려 장수로서는 최고의 자리인 전라
도와 충청도 등의 병마절도사를 역임했다.

■ 성종 21년 8월 27일 영돈녕 이상의 대신들과 정부政府 · 병조兵曹 당상堂上,
　변방 일을 아는 무신 재상 등이 빈청에 나아가 장래의 장수 27인을 뽑아서 아
　뢰었는데, 이 명단에 정은부도 포함되었다.

『진주지晉州誌』에 따르면, 진주에는 예로부터 월아산月牙山이라는 명산이 있어서, 이 산 동쪽에서는 재상이 나고 산 서쪽에서는 장수가 난다고 했다. 조선시대에 재상을 지낸 강혼姜渾이 이 산 이름을 반동산斑東山으로 바꾸고 낙모정落帽亭을 지었으며, 이 지역 출신 중 재상이 된 사람은 강맹경姜孟卿과 강혼姜渾이 있고, 장수로는 조윤손曹潤孫과 정은부가 있다고 기록했다. 이처럼 정은부는 진주의 자랑으로 꼽힐 만큼 무인으로 크게 출세하여 높은 자리에까지 올라갔지만, 존경받을 만한 인물은 아니었다. 오히려 정은부가 가는 곳마다 군사들과 백성들의 원성이 그치지 않았다.

정은부는 건장하고 힘이 세서 활쏘기를 잘하였으나 재물에 욕심이 많아 탐욕스럽기가 그지없었다. 경상도 병마절도사를 할 때에는 군졸들에게 면포綿布을 혹독하게 거두고, 백성들에게 세금을 많이 거둬들여서 날마다 배에 실어서 집으로 가져가 큰 부자가 되었으니 남쪽 백성들이 모두 이를 갈았다고 한다. 이렇게 재물을 모아 놓은 그의 고향 집에서는 노래하고 춤추는 가희歌姬와 무희舞姬를 많이 두고 즐기는 소리가 끊이지 않아, 이로 인해 늘 사헌부의 탄핵을 받았다.

이렇듯 한때 아내와 장모의 간통 사건으로 고통받았던 정은부이지만, 말년에는 노탐에 찌들어 흉하게 생을 마감했다.

조선남녀상열지사

이 아이의 아비는 누구인가?

승려 각돈의 음란한 사생활

군기감軍器監의 계집종 연비가 홍천사에 있을 때 전 진관사 주지 각돈과 몰래 간통하여 아이를 낳았으므로, 연비를 잡아다가 국문하였으나 승복하지 아니하였습니다. 그러나 그 이웃 사람들을 국문하니 모두 말하기를, "각돈이 항상 그 집에 왕래하면서 간통하여 계집아이를 낳았습니다." 하였습니다. 국가에서 각돈을 신임하여 진관수륙사津寬水陸社를 짓도록 하였으나 정욕을 자행하여 거리낌이 없는 것이 이와 같았습니다. 특히 이것뿐만 아니라 탐오한 일도 매우 많았습니다. 만약 몸을 구금하지 않는다면 장차 반드시 도망하여 숨을 것이니, 청컨대 가두시어 국문하게 하소서.

— 『단종실록』, 단종 1년 6월 21일

단종 1년(1453) 사헌부에서 올린 상소이다. 진관사津寬寺 주지 각돈覺頓이 관비와 간통하여 아이를 낳는 등 정욕을 자행하고 탐오한 일이 매우 많으니 국문하여 진상을 밝혀야 한다는 주장이다.

승려 각돈은 자세한 기록이 없어 정확한 출신은 알 수 없으나, 세종 때부터 성종 때까지 활동한 꽤 이름 있는 승려였다. 진관사의 주지로 있을 때 나라에서 수륙사를 재정비하는 중책을 맡길 만큼 신임하였으나, 불도는 제대로 닦지 않고 재물 모으는 일과 간통에 골몰하여 문제를 일으켰다. 각돈이 세종과 안평대군의 총애를 등에 업고 어찌나 안하무인으로 행동했는지 백성들의 원성이 자자했다고 한다.

백성들의 고혈로 완성한 수륙사　수륙사水陸社란 불교의 큰 행사 중 하나로, 바다와 육지에 떠다니는 외로운 영혼[孤魂]과 굶어 죽어 구천을 헤매고 다니는 귀신[餓鬼]들을 위해 제를 올려 위로하는 행사이다. 불법을 강설하고 음식을 베풀어 영혼을 극락에 이르도록 하여 산 사람에게 해를 끼치지 못하도록 한다는 취지이다.

공식적으로 불교를 금했던 조선시대에도 전국에서 수륙사가 성행했다. 특히 서울 삼각산 서쪽 산기슭에 있는 진관사의 수륙사가 유명했다. 진관사는 고려 현종이 왕위에 오르기 전 자신의 목숨을 구해 준 진관조사의 은혜에 보답하려고 만든 사찰로, 태조 이성계가 행차하여 직접 수륙사를 지정한 곳이다. 그런데 세종 31년(1449) 5월 진관사가 퇴락하여 수륙사를 다른 곳으로 옮기자는 의견이 나왔다. 하지만 태조께서 몸소 정한 진관사의 수륙사를 함부로 옮기는 것은 옳지 못하다고 결론 내려 진관사를 수리하기로 결정했다. 이때 진관사를 새롭게 짓는 공사를 총 책임지는 간사승幹事僧이 된 자가 바로 각돈이었다.

세종이 공사를 관장할 사람으로 토목 일을 잘하는 사람을 추천하라고 하자, 선공제조繕工提調(토목과 잡무와 기술 계통 기관인 선공감繕工監의 고위 관직) 벼슬을 하는 정분鄭笨이 서울 남쪽에 있는 청계사의 암주菴主였던 각돈을 추천한 것이 계기가 되었다.

정분의 추천으로 진관사 수륙사 공사를 총괄하는 간사승이 된 각돈은, 가장 먼저 비용 조달 방법으로 방납권防納權을 달라고 요청했다.

조선은 중앙 관청과 왕실의 운영 및 유지에 필요한 각종 물품을 각 지방에 현물로 납부하도록 하는 공납貢納제도를 시행했다. 공납은 그 지역 생산물을 현물로 직접 중앙에 바치는 것이 원칙이었으나, 점차 이를 대신 납부하고 지방에서 그 값을 받는 '방납防納'이 성행했다. 그런데 방납 과정에서 중앙 관청의 서리배가 지방에서 바친 공물을 트집 잡아 자신들이 준비해 놓은 물건을 사서 바치지 않으면 물건을 받아들이지 않는 식으로 하여 백성들의 고통이 컸다. 이들은 조직을 만들어 관아와 결탁하여 공물을 대신 바치고 백성들에게 높은 이자를 붙여 몇 십 배의 돈과 곡식을 받아 냈다. 방납은 이처럼 고리대금이나 마찬가지여서 『경국대전』에서 원칙적으로 금하도록 명시했다. 하지만 세종 대에도 방납의 폐해는 사라지지 않았다.

이처럼 방납의 폐해가 극심한데도 정분 등은 세종에게 방납으로써 진관사 수리에 드는 비용을 충당하게 해 달라고 요구하였다.

"진관사의 수륙사를 다시 수리하는 일은 예조禮曹에서 이미 벌써 조치하였습니다. 그곳에서 공사 일을 할 사람들은 자원하는 대로 받아서 정하고, 직분을 받은 중이 스스로 50일의 양식을 마련하여 공사를 감독하게 하되, 재목과 기와는 간사승을 정하여 쌀 400석과 면포 200필을 주어서 각 지방의 주州와 현縣 등에서 올리는 공물을 방납하도록 하여 그것에서 얻은 이익으로 비용에 충당하게 할 것입니다."

이는 공식적으로 방납 조직을 이끌 수 있게 해 달라는 요청이나 다름없었다. 세종은 50일은 너무 많고 30~40일 정도로 하라는 명을 내려 각돈의 방납권을 사실상 묵인하였다.

이때부터 각돈은 공물을 나라에 대신 납부한 다음, 자신의 조직에 있는 승려들을 데리고 각 지방을 다니며 수십 배 이자를 붙여 백성들에게 값을 받아 내니, 이렇게 챙긴 곡식과 쌀이 산더미처럼 쌓였다.

도를 더해 가는 각돈의   각돈이 전국을 돌며 백성들을 괴롭
횡포   히는데도 지방 수령들은 그의 횡포
를 막기는커녕 하나같이 두려움에 벌벌 떨며 각돈을 모시기에
바빴고, 심지어 각 도의 감사監司들이 잔치를 차려서 위로까지
하는 진기한 풍경이 연출되었다. 전국의 수령과 감사들이 사신
행차 모시듯 떠받들자 기고만장해진 각돈은 가는 곳마다 벽제辟
除(귀인이 행차할 때 큰 소리를 질러 길을 비키게 하던 일) 소리를 요란하
게 내며 다녔고, 전라도에서는 자기 마음에 들지 않는다고 하여
지방의 향리인 아전을 잡아다가 곤장을 때리기까지 하였다.

각돈이 전라도 나주에 갔을 때 일이다. 나주의 30여 개 고을
에서 방납을 하지 못하도록 금지하여 백성들에게 재물을 거두지
못하고 돌아온 각돈은, 세종의 셋째 아들인 안평대군 이용李瑢
에게 이 사실을 고하여 세종에게까지 이 이야기가 전해졌다. 세
종은 화를 내며 나주 고을의 아전인 정조진봉향리正朝進奉鄉吏(지
방의 특산물을 나라에 진상하는 일을 맡은 관리)를 의금부에 잡아 가두어
국문하고, 그 죄를 물어 수령들의 자격과 등급을 내리려고 하였
다. 너무 심한 처벌이라는 의견이 있어서 직책을 거두는 것으로
일단락되었지만, 이 일로 세종의 총애를 확인한 각돈은 이후 더
욱 안하무인으로 행동했다. 궁중에 드나들 때 승정원 관리들까
지 흘겨보며 다닐 정도였다고 한다.

각돈의 이러한 행실은 세종이 승하하고 문종이 즉위한 후에
도 여전했다. 오히려 더욱 기고만장하여 국가의 중요한 연락과

관리의 출장을 위해 쓰도록 되어 있는 전국의 역참驛站에 있는 말을 마음대로 징발하여 타고 다니면서 방납한 공물의 값을 받아 냈다. 또 백성들에게 공물 값을 받을 때 화려하게 장식한 채붕彩棚(백성이나 하인들이 신분이 높은 귀인을 맞이할 때나 쓰는 누각처럼 생긴 무대) 위에 높이 앉아서 받으니, 그 오만방자함에 모든 사람들이 혐오감을 느꼈다.

그러나 임금의 총애를 받는 사람인 데다가 그 뜻을 거슬렀다가 30여 명에 달하는 수령들이 파면당한 사례가 있었기 때문에 어느 누구도 감히 불편한 기색을 드러내지 못했다. 하지만 각돈의 횡포가 도를 더해 가자 문종 1년(1451) 3월 도승지 이계전李季甸 등이 각돈의 횡포를 낱낱이 적어 임금께 아뢰고, 각돈의 역마 사용과 방납 행위를 중단하도록 청을 드렸다. 문종이 이를 받아들임으로써 각돈의 횡포는 많이 수그러들었다.

방납으로 인한 횡포로 원성이 자자했지만, 어쨌든 진관사 재정비 작업은 잘 마무리되었다. 문종 1년 10월, 문종은 수륙사를 성공리에 치르고 진관사를 잘 수리한 공로를 인정하여 각돈을 진관사 주지로 임명했다.

각돈의 딸을 낳은 연비   진관사 주지가 된 후 여러 사찰을 돌아다니던 각돈은 지금의 성북구 돈암동에 있는 흥천사興天寺에서 한 여인을 만났다. 바로 훗날 각돈의 아이를 낳은 연비延非였다. 흥천사는 조계종의 본산으로 태조 이성계의 왕비인 신덕왕후가 돌아가시자 정릉에 모시면서 왕비의 명복을 빌기 위해 지은 절이다.

군기감의 여종인 연비는 결혼한 지 다섯 달 만에 남편이 비명 횡사하여 아이도 없이 홀로 살고 있었다. 연비와 눈이 맞은 각돈은 아예 연비의 집에 기거하다시피 하면서, 그동안 모아 온 수많은 재물을 연비에게 쏟아 부었다.

그로부터 약 1년 후 연비는 건강하고 예쁜 계집아이를 낳았다. 문제는 아이가 생기고 난 후부터였다. 아이가 생긴 후 각돈은 연비의 집에 거의 발걸음을 하지 않았다. 아이를 낳으면 각돈이 자신을 더욱 사랑해 줄 것이라 믿었던 연비로서는 이런 낭패가 없었다. 과부가 아이를 낳았으니 그것도 해괴한 일인 데다가, 중의 아이를 낳았으니 아이 아버지가 누구인지 밝힐 수도 없는 처지가 된 것이다. 연비의 딸은 영락없이 사생아가 되었다.

연비가 아이를 낳은 후 발걸음을 끊다시피 한 각돈은, 양주 회암사檜巖寺에서 또 다른 여인을 만났다. 회암사는 조선을 세운 이성계와 인연이 깊은 곳으로 자초대사自超大師(무학대사)를 왕사로 모신 곳이었다. 그러한 인연으로 회암사는 나라에서 엄청난 지원을 받아 세력을 크게 확장하였다. 수많은 노비와 논밭을 소유하고 엄청나게 큰 법회를 열었으며, 왕실에서 행하는 모든 기도를 주관했다. 회암사에서 각돈과 눈이 맞은 여인은 양주교도楊州敎導(서울에서 양주로 파견되어 향교의 유생들을 가르치는 벼슬) 자리에 있는 윤심尹深의 기생첩이었다. 기생첩에게 푹 빠진 각돈은 윤심의 집으로 찾아가 입이 떡 벌어질 정도의 거금을 내놓고 기생첩을 달라고 구슬렀다. 각돈의 돈에 혹한 윤심은 순순히 그러겠다고 동의했고, 각돈은 즉시 기생첩의 집으로 가서 이 사실을 알리고 며칠 후 데리러 올 테니 지금 사는 집을 내놓으라고 하였다.

서울로 돌아온 각돈은 자신이 주지로 있는 진관사에서 그리 멀지 않은 연신내 부근에 집을 사서 기생첩을 이사시킨 다음, 절에 일이 없으면 늘 그곳에서 지내며 연비의 집에는 거의 발걸음을 하지 않았다.

그런데 얼마 안 가 문제가 터졌다. 각돈에게 버림받다시피 한 연비가 아이와 먹고 살기 위해 자신이 소속되어 있던 군기감에 가서 일을 하다가, 부풀어 오른 젖가슴 때문에 아비 없는 아이를 낳은 사실이 들통이 난 것이다. 국가기관에 소속된 여종으로 남편도 없이 홀로 사는 과부가 아비도 모르는 아이를 낳았으니 군기감의 책임자가 그냥 두고 볼 수 없었다. 이 사실은 사헌부를 통해 임금에게까지 보고되었다.

"과부가 낳은 아이가 다 내 아이란 말인가?" 단종 1년(1453) 6월 24일, 사헌부에서 발차發差(죄 지은 사람을 잡아오도록 사람을 보내는 일)를 내어서 각돈을 옥에 가두었다. 각돈은 잡혀

가면서도 얼굴색 하나 변하지 않았고 오히려 부하 승려들에게 "나는 아무 탈 없을 테니 자네들은 수고롭게 근심할 필요가 전혀 없다"고 큰소리쳤다. 또한 자신을 잡으러 온 관원들에게 노골적으로 화를 내고 적반하장하는 태도를 보였다.

각돈이 이처럼 자신만만했던 것은 그전부터 권세가와 내시 등에게 많은 뇌물을 바쳐 놓았기 때문이었다. 그러나 사헌부는 그리 호락호락한 곳이 아니었다. 조사가 매우 엄히 진행되자 각돈은 다시 부하 승려들을 몰래 불러 평소 잘 알고 지내던 세력가들과 내시들에게 더 많은 뇌물을 갖다 바치라고 지시했다.

단종은 이 사건을 의정부에서 논의하라고 명했는데, 의정부 대신들 중에도 각돈에게 뇌물을 받은 사람이 있어서 논의가 지지부진하였다.

사헌부에서 각돈을 취조하며 연비의 일을 물었다.

"흥천사 옆에 사는 과부 연비의 집에 네가 자주 드나들었는데 남편도 없이 아이를 낳았으니 그 아비는 누구인가?"

각돈은 화를 벌컥 냈다.

"무릇 서울 도성에 사는 과부가 낳은 아이가 모두 나의 아이란 말인가?"

각돈의 태도가 조금도 놀라거나 거리낌이 없어서 오히려 사헌부 관리들이 어안이 벙벙해질 지경이었다. 사헌부에서는 각돈의 비행을 낱낱이 조사하여 죗값을 치르도록 하려 했다. 그러나 수양대군과 김종서 등의 권력 다툼이 심해지는 와중에 사헌부 관

조선시대 춘화. 승려와 여인네가 방에서 일을 벌이고 있다. 조
선시대에는 승려와 양반집 여인이 성관계를 가져 사회적 문제
가 된 적이 종종 있었다. 숙종 대에는 궁녀가 중과 간통하여 대
궐 안에서 아들을 낳은 일도 있었다.

리들이 모두 좌천되어 옮겨가 버리는 바람에 각돈의 일은 또다시 흐지부지되고 말았다. 신하들의 의견이 잠잠해지자 단종은 사헌부 장령 조계팽趙季砰에게 이렇게 명했다.

"각돈은 본래 병이 있었는데 진관사를 맡아서 관리한 공이 있으니 우선 석방하도록 하라. 만약 증거가 확실한데도 승복하지 않는다면 다시 아뢰도록 하라. 그때는 내가 다시 생각해 보겠다."

일단은 운 좋게 풀려났지만, 그 뒤에도 사헌부에서는 각돈을 다시 가두고 진관사를 헐어 버려야 한다고 계속 주장했다. 그러나 단종은 사헌부의 청을 들어주지 않았다. 태조께서 지정한 수륙사를 함부로 헐어 버릴 수 없으며, 각돈은 이미 한 번 가둔 적이 있으므로 다시 가두기 어렵다는 이유였다. 결국 각돈 사건은 단종의 철저한 비호 아래 제대로 해결되지 못하였다. 게다가 오래지 않아서 수양대군이 김종서 등을 죽이고 권력을 장악하는 계유정난이 일어나면서 각돈의 일은 조정의 관심사에서 완전히 멀어지고 말았다.

환갑 나이에 또다시   각돈의 일은 그렇게 묻혀 버리고 마는 듯했다. 그런데 단종을 지나 세조와 예종 대를 넘기고 성종 대에 와서, 각돈은 또 다른 간통 사건에 휘말렸다. 일의 발단은 전혀 엉뚱한 곳에서 시작되었다.

성종 8년(1477) 12월, 예순이 다 된 각돈은 승려 신분은 유지

한 채 진관사를 지을 때 모은 재물로 서울 동쪽에 있는 암자를 하나 구입하여 주지 행세를 하며 편안한 여생을 보내고 있었다. 그런데 각돈의 암자에 자주 드나들던 여인 중 유용柳隴의 아내 간아干阿와 안정형安廷炯의 아내 김씨 사이에 분란이 일어났다. 김씨는 유용의 이종사촌 동생으로 두 사람은 한동네에 살며 친하게 지냈는데, 간아가 김씨 부인과 각돈이 간통을 했다고 의금부에 고소한 것이다. 평소 옆집에 사는 안정형을 마음속으로 사모했던 간아가 부인인 김씨를 내쫓고 안정형을 자기 남자로 만들려는 욕심에서 꾸민 일이었다. 간아의 수법이 어찌나 교묘하고 치밀했던지, 의금부의 수사관들조차 진실 여부를 가려내는 데 어려움을 겪었다.

조선남녀상열지사

간아는 우선 안정현 집안의 노복인 김동金同이 자기 집 앞을 지날 때면 매번 나가서 위로하며 술과 음식을 주고 불쌍히 여기는 마음을 내보였다. 김동은 주인마님인 김씨가 승려 각돈에게는 대신승代身僧(용모가 깨끗한 사람으로 남의 죄를 대신하는 승려)이라고 칭송하며 좋은 옷과 좋은 음식을 주면서, 집안의 종에게는 나무를 지고 오는 힘든 일을 시킬 뿐만 아니라 나무를 적게 해 온다고 하루가 멀다 하고 잔소리를 해 댄다고 불만이 많았다. 이를 눈치 챈 간아가 김동을 구슬리며 말했다.

"네가 각돈의 옷을 훔쳐 오고, 너의 집 다른 노비인 노덕魯德에게는 여주인의 옷을 훔쳐 나오게 하여서 이것을 증거로 하여 두 사람이 간통하는 장면을 현장에서 붙잡았다고 소문을 내라.

그렇게만 해 주면 내가 너를 노비에서 해방시켜 양민을 만들어
주겠다."

신분을 해방시켜 준다는 말에 홀딱 넘어간 김동과 노덕은 시
키는 대로 옷을 훔쳐다가 증거로 삼고 각돈과 김씨가 간통했다
고 소문을 냈다. 간아는 관아로 달려가 각돈과 김씨를 간통으로
고발하였다.

노비와 승려가 모의한 죄! 이 사건을 대수롭지 않게 여긴 성종
　　　　　　　　　이 처음에는 낮은 직급의 수사관인
부정副正 벼슬의 이형원李亨元에게 조사를 맡겼으나, 간아가 이
형원이 공평하지 못하다며 다시 고소하는 바람에 사건이 커져
서 의금부로 옮겨 국문하기에 이르렀다. 조사해 본 결과, 이 사
건은 유용의 아내인 간아가 안정형의 이웃에 살면서 그 집의 종
을 유혹해서 일으킨 모함으로 밝혀졌다.

노비들이 사족의 주인을 모해하려고 모의했다는 점에서 그냥
넘길 수 없는 사건이었다. 노비가 주인을 해치려고 직접 일을
꾸미거나 모의에 참여한 죄, 그리고 승려 신분으로 사족을 해치
려고 모의한 죄는 참부대시斬不待時(죄가 밝혀진 즉시 처형함)에 해당
했다. 신분제를 뒤흔들어 나라의 근본을 뿌리째 뽑아 버릴 위험
이 있었기 때문이다. 사건이 커지자 사헌부와 형부 등의 대신들
이 모여 여러 차례 의논한 결과 다음과 같이 처리하기로 결론을

내렸다.

"유용의 처 간아는 곤장 100대를 때린 뒤 북방으로 유배 3000리를 가게 하고, 김씨의 여종 보동莆同은 간아의 명을 받아 주인 김씨의 재산을 감춘 죄를 물어 장 100대를 때린 뒤 관비로 정속定屬시키고, 김씨 부인의 옷과 각돈의 옷을 맡아서 보관하였던 막동과 말동이란 종은 참부대시에 처하고, 주인을 모해할 음모에 직접 가담하여 구체적인 행동을 한 김동과 노덕, 그리고 간아의 꾀에 속아서 김동과 함께 모의에 참여하여 사족을 해치려고 한 승려 각돈은 각각 율에 의하여 사형에 처한다."

다른 사람은 그렇다 쳐도 늘그막에 편안하게 여생을 보내던 각돈은 어쩌다가 간통 사건에 휘말렸을까? 각돈은 간아의 간계를 알면서도 돈을 많이 시주한다는 꾐에 빠져서 모의에 적극 가담했다가 변을 당했다. 수십 년 동안 온갖 악행을 일삼던 각돈이 늘그막에 어처구니없는 일로 사형을 당했으니 사필귀정이라고 해야 할까? 아마도 그의 죽음을 보고 통쾌하게 여긴 이들이 많았을 것이다.

하지만 일을 주도하여 꾸민 사람은 사대부의 부녀자인 간아인데 노비와 승려만 사형을 당했으니 공평한 처결이라고 보기 어려웠다. 특히 김씨 부인과 각돈의 관계는 조사조차 하지 않고 덮어 버린 것은 노비의 증언만으로 사대부를 처벌하던 다른 판결과는 사뭇 달랐다. 이처럼 자세한 조사 없이 노비와 승려를 사형시켜 사건을 마무리한 것은, 이 사건의 핵심을 노비가 주인을 해치려 한 것이라고 파악했기 때문이다. 즉, 김씨를 내치고 안정형을 차지하려 한 간아의 계략을 알면서도 노비와 승려가 한통속이 되어 음모에 가담한 것을 용납할 수 없었던 것이다. 삼강오상三綱五常의 엄격한 적용으로 유지되던 조선의 신분제를 뿌리째 흔들 수 있는 사건이므로 관련자들 모두 무거운 형벌을 받았다.

지금으로서는 이해할 수 없는 판결이지만, 신분 사회인 조선 시대에는 지극히 당연한 결과였다.

음
란
淫
亂

까까중과 몰래 통하여 새끼 중을 낳았다네

왕실 여인과 승려 설준의 부적절한 관계

오성정 이치의 아내 정 부인은

까까중과 몰래 통하여서 새끼 중을 낳았다네.

서울 장안의 바람둥이 남자들에게 이르노니

어찌하여 이 집에 왕래하여 인연을 맺지 않는가?

梧城正妻鄭夫人, 潛通髡首生小禪

寄語長安花柳客, 何不往來作因緣

—「세조실록」, 세조 14년 1월 7일

세조년간 서울 장안에 널리 퍼져 있던 노래이다. 노래에 나오는 오성정梧城正 이치李穉는 태조의 아들인 경녕군敬寧君 이비李裶의 아들이고, 정鄭 부인은 조선 초기 문신 정지담鄭之澹의 딸이다. 왕실의 부녀자가 승려와 사통하여 아이를 낳았고, 이를 기롱欺弄(비웃으며 놀림)하는 노래를 장안 사람들이 널리 불렀다는 것이다. 『실록』에 의하면 남편 이치가 일찍 죽어 과부가 된 정 부인이 망부亡夫의 명복을 빈다는 핑계로 불사佛事를 크게 베풀어 승려를 마구잡이로 불러들여 사통하다 아이를 가졌다고 한다.

정 부인은 여러 명의 승려와 정을 통하였는데, 그중에서도 특히 설준雪俊이란 자와 깊은 관계를 맺었다.

낮에는 불경 외고,   승려와 간통하여 서울 장안을 시끄
밤에는 간통하고   럽게 했던 정 부인은 앞서 기술한

대로 정지담의 딸이었다. 정지담은 태종 16년(1416) 친시親試(임금이 직접 과거장에 나와 시험 성적을 살피고 급제자를 정하는 시험)에서 수석 합격하여 태종의 눈에 들어 출세가도를 달리다가, 세종 32년(1450) 태종의 후궁에게서 난 왕자인 경녕군 이비와 사돈을 맺어 왕실의 외척이 되었다. 이후 승승장구하여 안동부사로 임명될 정도로 권세를 누렸다. 그러나 욕심이 많고 재물을 탐내며 여색을 가까이 하여, 백성들과 아전들의 탄핵을 받아 파직되었다. 특히 안동부사로 있을 때 안동부에 소속되어 있는 기생과

간통하여 큰 문제를 일으켰다. 이때 정지담은 바로 옆 고을 선산善山의 부사 김자갱金子鏗과 다투어 함께 처벌을 받았으니, 인물 됨됨이로 보아 제대로 된 사족이라고 하기에는 모자람이 많았다.

이러한 정지담의 딸은 왕족 이치와 결혼은 하였지만 남편이 약골이어서 결혼 생활이 원만하지 못하였고, 그나마 세조 9년 (1463) 남편이 젊디젊은 나이인 스물두 살에 덜컥 세상을 떠나 청상과부가 되고 말았다. 정씨는 남편의 3년상을 치른 뒤 본격적으로 자유분방한 생활을 시작했다. 남편의 극락왕생을 빈다는 명분으로 불사를 크게 열어 상당히 많은 재물을 들여 집 안에 불당을 짓고 이름난 승려들을 초빙하여 머물게 했다. 이때 초빙되어 온 승려가 흥덕사興德寺의 승려 설준, 대선사大禪師의 승려 해초海超와 심명心明 등이었다. 이들은 정씨 부인의 집에 오면 보통 여러 날을 머무르며 칙사 대접을 받았다.

승려들은 낮이면 불경을 외워 이치의 명복을 빌고 밤이 되면 정씨의 방에서 간통하였는데, 집안 노비들도 이들의 관계를 전혀 눈치 채지 못했다. 그런데 이렇게 몇 달 동안 자유롭게 사통하던 정씨 부인의 몸에 이상이 생겼다. 부인의 배가 점점 부풀어 오르기 시작한 것이다. 아이를 가졌다는 사실을 안 정씨 부인은 한편으로는 기쁘기도 했지만 두렵기도 했다. 결혼은 했으나 한 번도 아이를 가져 보지 못했기 때문에 생명을 잉태했다는 것이 놀랍고 기쁜 한편, 아비가 누구인지 밝힐 수 없는 사생아를 낳아야 하니 두려울 수밖에 없었을 것이다.

이런 사정을 아는지 모르는지 뱃속의 생명체는 날이 갈수록 무럭무럭 자라서 다섯 달을 넘기게 되자 아무리 졸라매고 또 졸라매도 더 이상 숨길 수 없었다. 다급해진 정씨 부인은 서울에서 그리 멀지 않은 양주의 산골 마을에 작은 집을 한 채 마련했다. 그곳에 계집종 하나만 데리고 가서 몰래 아이를 낳기로 결심했다. 정씨 부인은 남편의 명복을 비는 불사를 일단 중지하고 다른 사람이 알지 못하도록 새벽녘에 길을 나섰다. 그리고 열 달을 채우고 건강한 사내아이를 출산했지만, 아이를 서울로 데려올 수는 없었다. 정씨 부인은 유모에게 아이를 맡겨 놓고 홀로 서울로 돌아왔다.

서울로 올라온 정씨 부인은 다시 승려들을 집 안으로 끌어들였다. 아이를 낳고 온 후에도 정씨 부인은 설준은 물론 심명이나 해초 스님과 계속 관계를 맺었고, 몇 달이 지나지 않아 또 아이를 가졌다. 첫아이는 설준의 아이가 분명했지만, 이번에는 정씨 자신도 누구의 아이인지 확실히 알 수 없었다. 역시 배가 불러 와서 사람들이 눈치 챌 정도가 되기 전, 정씨 부인은 또다시 몸종을 데리고 양주 시골집으로 내려가 두 번째 아이를 낳아서는 유모에게 맡기고 재빨리 서울 집으로 돌아왔다.

조롱거리가 된 승려　　　　일이 이쯤 되고 보니 정씨 부인의 음
　　　　　　　　　　　　　란한 행위와 중의 아이를 낳았다는
사실까지 소문이 나서 서울 장안에 모르는 사람이 없게 되었다.

　왕족의 부인이 승려와 간통한 것은 큰 사건이었다. 하지만 소
문만 무성할 뿐 실제로 고소하거나 탄핵하는 사람이 없어서 일
이 크게 부각되지는 않았다. 정씨 부인이 남편을 일찍 여읜 과
부이고 보니 정치적 쟁점도 아닌 일로 문제를 만들어 왕실을 시
끄럽게 할 이유가 없었기 때문이다.

　정씨 부인은 여러 승려들과 사통했지만, 그중에서 가장 사랑
한 사람은 설준이었다. 설준과 정씨 부인의 간통에 관한 기록은
『예종실록』에도 실려 있다.

　　이치가 일찍 죽자 부인 정씨는 부처를 좋아하여 승려들을 많
　이 가까이하였는데, 그중에서도 흥덕사의 중 설준을 더욱 가까
　이 사랑했다. 정씨는 드디어 노비 30구口를 주고 문권文券(권리
　문서)을 이미 작성하였으므로, 어떤 사람이 서교西郊의 소나무를
　깎아 흰 데에다가 그 사실을 기록하니 마침내 그 문권을 숨기고
　말았다.

　정씨가 남편에게 물려받은 노비 30구를 설준에게 바치고 노
비 교환 문서까지 써 주었고, 그 사실을 누군가 서오릉 부근 길
가에 큰 소나무를 깎아서 그 위에 정씨와 설준의 간통 사실과

음
란
淫
亂

함께 기록해 놓았다는 것이다. 설준은 이렇듯 왕족의 부인과 간통하여 세상 사람들의 조롱거리가 되었지만, 처벌을 받기는커녕 오히려 왕실의 비호 속에 권세를 누렸다.

『실록』에 의하면 설준은 세종 시대 서울에 사는 사족의 아들로 태어나 어릴 때 안평대군 이용의 문하에서 교류하며 글을 배운 덕에 승려치고는 어느 정도 문리文理를 알았다고 한다. 젊어서 삶의 무상함을 느껴 머리를 깎고 중이 된 후, 기화己和 ■의 제자이자 세조가 믿고 아꼈던 세 승려 중 한 사람인 신미信眉와 함께 도를 닦았으며, 생육신으로 유명한 김시습金時習의 스승 노릇을 하기도 했다.

하지만 설준은 불경을 베껴서 사람들에게 나누어 준다는 구실로 속세 마을에 자주 출입하면서 정씨 부인과 같은 사족의 부녀자와 간통하고, 재물을 탐내서 계율을 범한 일이 매우 많아 문제를 일으키곤 했다. 이처럼 설준은 승려로서 지탄받아 마땅할 못된 짓을 많이 하고 다니면서 유생들의 탄핵을 받았으나,

조선남녀상열지사

■ 조선 초기 배불정책과 배불론 속에서 불교의 정법과 이치를 밝힘으로써 불교를 지켜내고자 애쓴 승려. 함허화상涵虛和尚으로 알려져 있다. 속성은 유劉씨, 호는 득통得通, 당호는 함허涵虛. 21세 때 성균관에서 같이 공부하던 벗의 죽음을 보고 세상의 무상함과 몸의 허망함을 느껴 태조 5년(1396) 출가했다. 태조 6년 회암사檜巖寺에서 무학無學을 만나 가르침을 받았다. 유교의 배불론에 대한 호불의 입장에서, 불교가 현실과 동떨어진 것이라는 유학자들의 비판을 반박했다. 선사상이 현실과 일상적인 생활을 수용하는 것이라는 입장을 취하면서, 최치원이 주장했던 불교·유교·도교의 삼교일치설을 더욱 본격적으로 전개했다.

세조 대부터 성종 대에 이르기까지 처벌받거나 환속되지 않았
다. 여기에는 그럴 만한 이유가 있었다.

인수대비와 설준의 인연　　　조카인 단종을 죽이고 왕위에 오른
　　　　　　　　　　　　　세조는, 자신이 지은 죄 때문인지
불교를 배척하지 않았다. 세조는 맏아들 의경세자가 스무 살에
세상을 떠나자 서울 서쪽 서오릉에 안장하고 아들의 명복을 빌
기 위해 세조 4년(1459) 정인사라는 절을 지었다. 그러나 정인
사는 비용을 적게 들여 지은 탓에 너무 허술하여 사찰 구실을
제대로 하지 못한 채 겨우 명맥만 유지하였다. 그러다 세조가
세상을 떠나고 그 뒤를 이은 예종이 1년여간 보위에 있다가 세
상을 떠나자, 의경세자의 둘째 아들인 자을산군이 왕위에 올랐
으니 바로 성종 임금이다. 성종은 왕위에 오를 당시 나이가 어
려 어머니 한씨(인수대비)가 수렴청정垂簾聽政을 했다.

　한씨는 수렴청정을 하며 남편 의경세자를 덕종으로 추존했고,
그에 따라 자신은 왕의 부인인 대비가 되었다. 남편의 명복을
비는 사찰인 정인사가 낡고 보잘것없는 것에 불만을 가지고 있
던 인수대비仁粹大妃는 "절을 서둘러 지은 탓에 재목이 좋지 못하
고 지음새가 정밀하지 못하다. 가령 오래되지 않아서 썩고 허물
어지면 무엇으로써 후세에 보일 것인가." 하고, 내시의 우두머리
인 판내시부判內侍府 이효지李孝智에게 명하여 정인사를 다시 짓

는 일을 전적으로 관장하게 했다. 그리고 궁중에서 쓰는 물품 중에 일찍이 절약한 것을 쌀과 베로 계산한 비용을 내수사內需司(궁중에서 쓰는 곡식과 포목, 잡화 등을 전담하는 기관)에 주었다.

길일을 잡아 먼저 지었던 절을 철거하고 새로 창건하려는데, 대왕대비인 정희왕후貞熹王后가 지시하기를 "정인사가 있는 곳은 의경대왕과 예종대왕 두 능의 무덤이 아주 가까워서 한 절의 종소리가 서로 들릴 만한 곳이다. 만약 인수대비가 절을 새로 지으려는 뜻이 있다면, 나도 재물로써 힘을 합쳐 정인正因(물物·심心의 여러 법을 내는 직접적인 원인) 일을 도우면 불사가 쉽게 이루어지고, 내가 의경과 예종을 위해 복을 비는 정성도 되지 않겠느냐?"고 하였다. 정희왕후는 내수사에 특별히 자신의 생각을 전달하고 돈과 곡식을 더 보태도록 한 다음, 그래도 모자라는 것이 있으면 수시로 알려 그 쓰임에 보탬이 되게 하라고 일렀다. 백성들에게 노역을 시키지 않고 품삯을 주어서 일을 시켰더니 많은 사람들이 열심히 하여 1년 만에 119간의 사찰이 완공되었다.

이처럼 왕실 여인들이 공을 들인 정인사를 새로 짓는 일에서 크게 활약한 사람이 바로 당시 판화엄대선사判華嚴大禪師(교종 전체를 총괄하는 도대선사都大禪士의 바로 아래 자리)였던 설준이었다. 새로 지은 정인사의 구조와 집과 집 사이의 간격 등 세세한 부분까지 모두 설준의 계획대로 지어졌다.

정인사가 완성되자 인수대비는 미곡 100섬을 주어서 비용으

인수대비의 묘인 경릉(위)과 인수대
비가 성종 3년(1472) 간행한 『육경
합부六經合部』(왼쪽). 『육경합부』는
조선 전기에 널리 읽혔던 『금강경』
을 비롯한 여섯 가지 불교 경전을 묶
어 한 책으로 간행한 것이다. 불교에
심취했던 인수대비는 내탕금을 털어
불서를 간행하기도 했다.

로 쓰도록 하고, 설준의 공로를 인정하여 정인사 주지에 임명하니, 바야흐로 출세 길이 활짝 열리게 되었다.

사헌부의 연이은 탄핵

큰 사찰의 주지가 되자 설준은 제 세상을 만난 듯이 기고만장해졌다. 정인사가 인수대비의 보호를 받으며 왕실의 소원을 전담하여 빌어 주는 원찰願刹(소원을 빌기 위해 세운 절)이 되었으니 그의 권세는 웬만한 정승 못지않았다.

왕실의 사찰이 된 후부터 수많은 사람들이 정인사를 찾았으니, 설준은 그중 젊고 아름다운 과부들에게 각별히 신경을 써서 절에 며칠씩 머무르도록 권유한 다음 밤이 되면 불경을 가르쳐 준다는 핑계로 자신의 방으로 불러 음란한 행위를 일삼았다. 뿐만 아니라 순례차 절에 들르는 젊고 아름다운 여승들까지 유혹하여 간통을 일삼으니 설준의 음란함은 필설로 형용하기 어려울 지경이었다. 그래도 외부의 눈이 두려웠는지, 설준은 젊은 승려를 불러 자신이 거처하는 곳에는 잡인의 출입을 일절 금지키고, 어떤 사람도 집 안을 엿보는 일이 없도록 단속을 철저히 하였다.

설준의 행실에 대한 온갖 소문이 무성했지만 분명한 증거를 잡기가 쉽지 않았다. 그러나 소문이란 본디 무서운 호랑이 같은지라 백성들 사이에 떠돌던 말이 집안의 부인들을 통해 조정 관리의 귀에 들어가게 되었고, 성종 3년(1472) 11월부터 사간원 등에서 문제 삼기 시작하면서 설준을 처벌하고 환속시켜야 한 다는 주장이 나왔다. 이때는 아직 인수대비가 수렴청정을 하고 있어서 사간원의 주장이 받아들여지지 않았다. 하지만 임금에게 바른말을 하여 올바른 정치를 하도록 이끄는 것을 자기들의 임무로 삼고 있는 간원들이 쉽게 물러설 리 없었다. 성종 3년 11월부터 시작된 사간원과 사헌부의 상소는 다음 해까지 끊이지 않았고, 급기야 성종 4년(1473) 7월 18일 사헌부의 정창손鄭昌孫이 설준의 음란 행위를 정면으로 비판하였다.

"부녀자가 절에 올라가는 것을 금지하는 것은 『경국대전』에 실려 있습니다. 여승도 또한 부녀자입니다. 정인사는 곧 선왕의 능침陵寢으로 청재淸齋하는 곳인데, 주지 설준이 사족의 부녀들을 불러 모아서 음란한 행동을 하여 거리낌이 없었으니, 그 죄가 매우 무겁습니다. 지금 추국하지도 아니하고 다만 조율만 하도록 하시니 편안하지 못한 듯합니다. 비록 재상과 종척일지라도 진실로 죄를 범한 바가 있다면, 중죄이면 하옥하고 경죄이면 핵문劾問하여 공초를 취하여 죄를 주는 것이 예이니, 지금 조율하여 죄를 정하지 아니하는 것은 미편未便(편하지 않음)합니다. 또 지금 절에 올라가는 여승을 만약 사승師僧을 천도하기 위한 것이라 하여 죄를 주지 아니한다면, 지금부터 이후로는 사족의 부녀들도 혹 죽은 부모와 지아비를 추천追薦(죽은 사람의 넋의 괴로움을 덜고 명복을 축원하려고 선근복덕善根福德을 닦아 그 공덕을 회향함. 보통 49일까지는 매 7일마다, 그 뒤에는 100일과 기일에 불사를 베푼다.)한다고 일컫고 절에 올라가는 것을 금단하기 어려울 것이니, 청컨대 사헌부의 아뢴 바대로 따라서 엄하게 징치懲治하여 뒷사람들에게 귀감이 되게 하고, 아울러 설준을 추핵하여 논죄하는 것이 편하겠습니다."

정창손의 말에서 짐작할 수 있듯, 당시 승려들과 사대부 아녀자들은 물론이고 승려와 여승 사이의 음란한 행위로 인하여 강상의 도가 땅에 떨어져 있었다. 죽은 부모와 지아비를 추천한다는 명목으로 절에 올라가서 오랜 시간 머무르며 추잡한 소문을 내는 일이 비일비재했던 것이다.

같은 날 사헌부의 수장인 대사헌 서거정徐居正 역시 사찰이 음란한 이들의 소굴이 되었다며, 부녀자뿐 아니라 여승들의 사찰 출입도 금지해야 한다고 강력히 주장한 것을 보면 문제의 심각성이 어떠했는지 짐작할 수 있다.

"최근에는 윤씨·이씨·황씨 같은 사족의 부녀자 무리가 사찰을 두루 돌아다니며, 한곳에서 이틀 밤씩이나 머무르고 함께 거처하면서 방탕한 행위를 자행하여 예법을 지키지 않으니, 사람들을 놀라게 하고 보고서 비웃게 하였습니다. 만약 『경국대전』에 의거하여 이들을 죄가 없다고 논한다면, 이들을 금지할 수 없을 뿐만 아니라 곧 이들이 음란한 행동을 하도록 권유하게 되는 것이 될 것입니다. …… 사회의 풍속이 하루가 다르게 변하여서 여승의 무리들이 점차 많아지고, 궁벽한 민간과 비

신윤복의 〈이승영기尼僧迎妓〉. 장옷을 쓴 여인네가 계집종과 함께 절에 가는 길이다. 삿갓을 쓴 비구니가 마중을 하고 있다. 조선시대 절은 부녀자들이 음행을 저지르는 장소로 지목을 받았고, 심한 경우 절을 헐어 버리기도 했다. 특히 비구니들은 사회의 풍속을 어지럽히는 주범으로 인식되어 탄압을 받았다.

밀스러운 땅의 곳곳에 모두 사당社堂을 지어서 무리들을 긁어모아 유혹의 손길을 널리 뻗치니 정절을 잃은 처녀들과 지아비를 저버린 사납고 모진 부인들이 모두 모이는 곳이 되었습니다. 죽은 사람의 혼을 좋은 곳으로 보낸다느니 명복을 비느니 하면서 핑계를 대어 머리를 깎고 절에 몰래 투신하는 자가 얼마인지 알 수 없을 정도입니다. …… 지금 거리의 이야기나 마을에서 논하는 것을 들어 보면, 아무 여승은 누구인데 아무 중과 더불어 간통하면서도 스스로 일컫기는 행실이 깨끗한 여중〔淨尼〕이라고 하지만 실제로는 탕녀이며, 또 스스로 고승입네 하는 자들은 실제로는 음부淫夫이며, 여자가 중의 절에 가고 중이 여자의 집에 가면서도 그 종적은 괴이하고 비밀스러운 현실에 대하여 두려움이 있습니다."

솜방망이 처벌　　　　　서거정이 이처럼 강하게 나오자 인수대비도 어찌할 수가 없었던지 원로대신 정인지 · 신숙주 · 한명회 · 최항 · 조석문曹錫文 · 김질金礩 · 윤자운尹子雲 등에게 명하여 논의하도록 했다. 원로대신들은 성종에게 사헌부에서 올린 의견대로 처리하는 것이 좋겠다고 주달하였다. 그러나 인수대비는 신하들에게 교지를 내려 말하기를 "법을 세우지도 아니하고 죄를 주는 것은 맞지 않는 일이다. 여승이 절에 올라가는 것을 금지하는 법을 『경국대전』에 넣어

서 기록한 다음 그때 가서 처리하는 것이 좋겠다."고 하여 교묘
히 빠져나갔다.

결국 설준을 비롯한 음란한 승려들에 대한 처벌은 이루어지
지 못했다. 간관들은 포기하지 않고 기회 있을 때마다 설준의
일을 들고 나와 당장 처벌하고 환속시켜야 한다고 주장했다. 견
디다 못한 인수대비는 설준에게 장 80대의 벌을 내리면서 재물
로 대신 바쳐도 무방하다는 판결을 내렸다. 솜방망이 처벌이었
다. 설준은 포목 몇 필을 벌금으로 바치고 다시 이전과 다름없
이 살았다.

그러나 서거정이 누구인가. 매월당 김시습과 함께 공부한 친
구이자 당대 최고의 문장가로 명망이 높았던 그는 호락호락 물
러서지 않았다. 서거정은 그 뒤로도 자그마치 6년 동안 설준의
문제를 계속 물고 늘어졌다.

그러던 중 성종 10년(1479) 4월 오만방자한 설준이 사족의 자
제를 꼬드겨 자기 마음대로 머리를 깎아서 승려를 만든 사건이
일어났다. 사헌부에서는 이를 빌미로 다시 설준의 문제를 들고
나왔다. 승려가 되려면 도첩度牒▪이라 불리는 승인서를 받아야
했는데, 설준이 유혹해서 승려가 된 학심學心은 나라의 허가도
받지 않은 채 머리를 깎고 중이 되었기 때문이다.

사헌부에서 설준이 나라의 법을 어겼으니 처벌해야 한다고
주장했지만, 성종은 설준이 아버지 의경세자의 명복을 비는 사
찰의 주지이고 어머니께서 아끼는 승려이기에 결단을 내리지 못

하고 이리 미루고 저리 미루며 시간을 끌었다. 결국 성종은 설준과 학심에게 곤장 80대를 때리고 둘 다 환속시켜 불교를 정화해야 한다는 사헌부의 주장을 반만 받아들여, 곤장만 때리되 역시 재물로 대신 바치도록 하고 환속하는 조치는 취하지 않았다.

임금의 처벌이 솜방망이에 그치자 사헌부에서는 끊임없이 상소를 올려 설준의 처벌과 환속을 주장했다.

"학심이란 자는 사족인 아비에게서 도망하여 중이 되었으니, 그 죄는 곤장을 때려도 마땅합니다. 그리고 설준은 더러운 소문이 이미 드러났는데도 그때에 그대로 두고 국문하지 않았으므로, 악한 바가 조장되고 뉘우치지 않았던 것입니다. 지금 만약 죄 주지 않는다면 악한 바가 더욱 방자해질 것이니, 청컨대 곤장

조선남녀상열지사

■ 승려가 출가했을 때 국가가 허가증을 발급해 주는 제도. 예조에서 발급한 허가증인 도첩은 입적 또는 환속하면 국가에 반납해야 했다. 이 제도는 국가에 대해 신역身役의 의무를 저버리고 양민이 함부로 산문山門에 들어가는 폐단을 막기 위해 생겼다. 고려 충숙왕 때부터 도첩제가 시행되었다. 1371년(공민왕 20)에는 정전丁錢으로 포 50필을 바치는 자에 한하여 도첩을 발행하는 법령을 제정했다. 조선시대에 들어와 1392년(태조 1) 사찰과 승려의 정리와 함께 국가의 재정과 인적 자원을 확보하기 위해 승려가 되려는 자가 양반 자제인 경우는 포 100필, 서인庶人이면 포 150필, 천인賤人이면 포 200필을 관에 납부하여 도첩을 받도록 했다. 세조의 호불책으로 정포 20필로 줄어들기도 했지만, 다시 성종년간 군액 증가를 위해 도첩 발행을 일시 중단함으로써 승려가 되는 길이 거의 차단되었다. 그 후 명종 때 문정왕후文定王后의 불교 진흥책으로 도첩제가 다시 부활되었지만, 왕후가 죽은 후 폐지되고 도첩 발행도 명목상에 그치게 되었다. 조선 후기 피역을 위해 양민들이 도첩을 받지 않고 불법적으로 승려가 되는 사례가 증가하자, 도첩 발행을 강화하여 이를 통제하려는 논의도 있었으나 실효를 거두지 못했다.

을 때려서 환속시켜 뒷사람을 경계하도록 해야 합니다."

이때부터 하루가 멀다 하고 사헌부, 사간원 등에서 거의 매일 상소를 올려 4월 18일까지 하루도 성종과 신하가 싸우지 않는 날이 없었다. 그러나 어머니의 눈치를 봐야 하는 성종으로서는 섣불리 결단을 내리기 어려웠다. 성종은 여러 핑계를 대서 처벌을 허락하지 않는다는 말만 되풀이할 뿐이었다. 설준의 문제는 끝내 나라의 법으로는 해결되지 못했다.

인과응보   설준은 그로부터 10년 뒤인 성종 20
                 년(1489) 10월, 뜻밖의 일로 목숨을
잃는다. 서울을 지키는 오위도총부의 군인인 회령會寧 출신의 갑사 서영생徐永生이란 자가 설준이란 중이 못된 짓을 많이 하여 억만금의 재물을 가지고 있다는 소문을 듣고 외출하는 그의 뒤를 쫓아 인적이 드문 한적한 산길에서 찔러 죽이고 면포를 탈취해서 도망한 것이다. 하루 만에 잡혀온 서영생은 자신이 무슨 잘못을 했냐며 오히려 따져 물었다.

"불쌍한 백성들의 재물을 많이 빼앗고, 부녀자를 수도 없이 희롱한 중놈을 제가 처벌하고 면포를 좀 빼앗은 것이 뭐 그리 큰 죄가 되겠습니까?"

나라에서도 치죄하지 못한 자를 자신이 응징했다는 주장이었다. 서영생의 행위는 사간원과 사헌부의 끈질긴 노력에도 불구하고 제대로 된 처벌을 내리지 못했던 설준을 징치했다는 측면에서 많은 사람들의 공감을 얻었을 것이다. 그러나 국법을 무시하고 사사로이 사람을 죽인 죄를 면할 수는 없는 법. 더군다나 서영생은 설준이 억만금의 재물을 가지고 있다는 사실을 알고 접근해 죽이고 면포를 탈취해서 도망했으니 그 동기가 순수하다고 할 수 없었다. 서영생은 즉시 사형에 처해졌다.

타고난 언변과 재주로 왕실의 비호를 받으며 온갖 나쁜 짓거리를 일삼던 설준은, 이렇듯 비명횡사로 허무하게 생을 마감했다.

아비의 상중에 종과 놀아난 아들

외척 한환 · 한순 형제의 패악

의금부에서 한환이 장인을 구타한 일에 대해 사실대로 말하
지 않으니 고문을 하게 해 달라는 청을 올렸다. …… 심회沈
澮가 의논하기를, "…… 장인을 능욕하고 장지를 차서 부서
뜨렸으니, 어찌 사위의 도리이겠습니까?"

－『성종실록』, 성종 21년 6월 15일

한순은 본래 비루하고 용렬한 사람으로, 곧 성종의 종제從弟
인 제안대군齊安大君의 외숙이 된다. …… (그가) 세력 있는
사람에게 붙어서 고관이 되어 뻔뻔하게 높은 지위에 있으
니, 그때 사람들은 그와 더불어 같은 자리에 있는 것을 부끄
럽게 여겼다.

－『중종실록』, 중종 9년 10월 3일

이 기록에 나오는 한환韓懽과 한순韓恂은 형제지간이다. 둘의 누이는 예종의 비인 안순왕후安順王后이고, 아버지는 성종 때 우의정을 지낸 한백륜韓伯倫이다.

첫 번째 기록은 성종 21년(1490) 의금부에서 한환이 장인을 구타한 일을 불복하니 형신할 수 있도록 해 달라고 임금에게 청하는 글이고, 두 번째 기록은 중종 9년(1514) 사헌부에서 한순이 중추부사中樞府事가 된 것이 부당하다며 올린 상소이다. 왕실의 사돈이었던 한환·한순 형제는 배경을 믿고 온갖 악행을 일삼아 지탄의 대상이 되었다.

반듯했던 임금의 장인　　세조 9년(1463) 7월 초닷새. 궁중의 크고 작은 연회를 총괄하는 벼슬인 사옹별좌司饔別坐 직책을 맞고 있던 한백륜의 집에서는 때 아닌 난리법석이 일어났다. 세조가 한백륜의 딸을 세자의 소훈昭訓(세자궁에 딸린 종5품 내명부의 품계로 사실상 왕세자의 소실)으로 맞이하겠다는 조서를 발표했기 때문이다. 한 치 앞을 알 수 없는 불안한 정세 속에서 왕실과 혼인 관계를 맺는다는 것은 칼날 위를 걷듯 위험한 일이지만, 한편으론 집안을 일으킬 수 있는 절호의 기회였다. 세자의 소훈이 된 한백륜의 딸이 바로 세조의 뒤를 이어 왕위에 오른 예종의 비 안순왕후이다.

임금의 장인이 된 한백륜은 보국숭록대부輔國崇祿大夫 청천부

한백륜의 묘 한백륜은 세종 26년 문과에 급제한 후 세조 9년(1463) 딸이 세자의
소훈으로 책봉되면서 왕실과 사돈을 맺게 되었다. 이후 예종이 즉위하고 딸이 왕
후가 되자 왕의 장인으로서 청천군淸川君에 봉해졌다.

원군淸川府院君이 되었고, 성종 대에는 우의정에까지 올랐다. 한
백륜은 성품이 온순하고 근면했다고 전한다. 정승의 반열에 오
른 후에도 왕실의 외척이라 높은 자리에 올라간 것이라고 손가
락질 받을까 봐 여러 번 사직하고 물러났으며, 사는 집이 별로
크지 않은 것을 본 친구가 새 집으로 고쳐 지으면 좋지 않겠느냐
고 하자, "이 집은 선친께 받은 것으로 비바람을 막을 만한데 무
엇 때문에 고치겠는가?"라고 답할 정도로 청렴하고 검소한 생활
을 했다. 그 덕에 그가 살아생전에는 아무 변고 없이 집안을 잘
지킬 수가 있었다. 세상을 떠날 때에도 손수 유언장을 써서 자식
들에게 훈시하기를 "내가 죽은 후에는 검소하게 장례를 치르되,

주자가례의 법도에 어긋나지 않게 하라"고 하였다.

손가락질 받은 아들 형제   한백륜은 사람들의 존경을 받으며
                         반듯하게 살았지만, 두 아들은 아비
와는 정반대로 패륜과 패악을 일삼아 세상 사람들의 손가락질
을 받았다. 한백륜에게는 딸 둘과 아들 둘이 있었는데, 큰아들
한환과 작은아들 한순이 문제였다. 두 아들 모두 성질이 포악하
고 재물과 아부를 좋아하여 형제가 장성한 후에는 집안이 하루
도 편할 날이 없었다. 집안이 몰락할 징조는 한백륜이 살아 있
을 때부터 보였다.

   맏아들 한환은 예종 앞에서 아무 말이나 하고 행동을 방자하
게 하여 사람들의 눈총을 받았다. 예종 1년(1451) 2월 예종이
신숙주와 조지산趙智山 등의 벼슬을 높여 제수하고, 옆에 있는
한환에게 "이제 너의 벼슬을 더 높이려고 하는데 어떠냐?"고 묻
자 한환은 경솔하게도 "제 장인의 벼슬을 높여 주십시오."라고
말했다. 한환의 장인이 바로 조지산이었다. 금방 관직을 높인
자리에서 또 벼슬을 올려 달라고 청탁을 넣었으니 황당한 일이
었다. 예종은 그렇게 하기는 어렵다고 그 자리에서 거절했다.
   또 한번은 예종이 궁중에서 여러 신하들과 놀이를 하며 이긴
사람에게 상으로 줄 말을 옆에 매어 두었다. 그런데 놀이에서
승리한 한환이 예종의 명이 떨어지기도 전에 말을 자기 집으로

보내 버렸다. 예종은 이 일을 불문에 붙였지만, 민망했던 중전이 친정아버지인 한백륜에게 이 사실을 고했다.

"궁중의 일은 나도 감히 성상께 번거롭게 하지 아니하고, 매일 매일 삼가고 매일 매일 경계하는데, 지금 한환이 비록 놀이에서 이겼다고 하지만 다시 명을 기다리지도 아니하고 함부로 말을 집으로 보냈으니 이 일을 듣고 매우 놀라지 않을 수 없습니다. 원컨대 가르침과 책망을 가하셔서 다시는 그러한 일이 없도록 하소서."

깜짝 놀란 한백륜이 너무나 두려워 한환에게 매를 수십 대 때렸지만 아들의 성정을 바로잡지는 못했다. 아들에 대한 근심으로 백방으로 노력하였지만 허사였다. 타고난 성정을 아버지라 한들 어찌할 수 있겠는가.

아비의 상중에 종과 놀아나니

한백륜이 세상을 떠나고 3년 정도 흐른 성종 8년(1477) 8월 18일 한환의 외삼촌인 임보형任甫衡이 의금부에 다음과 같이 고했다.

"제가 버린 전 부인 양梁씨가 행실이 음란하여 전라도 남원에서 면화를 거두는 일을 한다고 핑계를 대며 그곳에 있는 아전들과 왕래하면서 간통하였고, 또 만복사萬福寺에 불을 켜러 간다고 하면서 그곳 승려들과 서로 왕래하며 친하게 지냈습니다. 그리고 제 누이의 아들인 조카 한환이 작년에 아버지 상중에 있으면서 양씨의 계집종인 존비存非와 간통하고, 양씨가 홀로 있는 곳에도 늘 왕래하였는데, 양씨가 남원으로 돌아가려고 하자 그렇게 하지 못하도록 한환이 말리는 것을 보니 두 사람 사이가 보통이 아닌 것 같습니다."

의금부에서 조사해 보니 임보형의 고소 내용 중 한환이 존비라는 계집종과 간통한 것만 사실이고 나머지는 모함이었다. 그리하여 임보형의 관직을 빼앗는 것으로 일을 마무리하였지만, 한환이 부모상을 지내고 있는 사이 외간 여자와 그것도 남의 집 계집종과 간통한 일은 그냥 덮기 어려운 사건이었다. 비록 간통 현장에서 잡은 것은 아니지만 왕실의 외척이 상중에 간통했다는 것은 큰 문제였다. 결국 이 일로 조정 대신들 사이에서 격론이 벌어진다.

의금부에서 한환에게 형벌을 가해서라도 정확한 사실을 알아내 처벌해야 한다고 장계를 올리자, 성종은 "한환은 왕실의 외척으로 내 작은어머니의 동생이다. 그런데도 형벌을 가해야 하겠는가? 정승과 대간들에게 물어서 다시 아뢰도록 하라."고 했다.

일부 대신들은 간통 현장에서 잡은 것이 아니니 한환을 고문하는 것은 바람직하지 않고 차라리 노비 존비를 고문하여 알아보는 것이 좋겠다고 하고, 또 다른 대신들은 부모의 상중에 그런 일을 벌였다는 것은 사회적 범죄에 해당되므로 형틀을 갖추어 한환을 고문해야 한다고 주장했다.

논의가 분분하자 성종은 현장에서 잡은 것이 아니니 내버려 두라고 하여 논의를 일단락 지으려 했다. 그러자 사헌부에서 들고 일어났다. 경연을 마친 후 사헌부의 젊은 간관들이 한환의 문제를 들고 나왔다.

난감해진 성종은 훈구대신인 정창손鄭昌孫에게 의견을 물었다. 정창손 역시 부모의 상중에 간통한 한환에게 벌을 내려야 한다고 했다. 더 이상 버티지 못하게 된 성종은 한환의 직첩만 거두는 것으로 사건을 마무리 지었다.

끊이지 않는 추문　　　　　　부모 상중에 간통하였다는 민망한 일로 조정을 시끄럽게 해 놓고도, 한환의 방자한 행동은 끊이지 않았다. 그럼에도 성종은 외척인 한환의 벼슬을 계속 높여 주었다. 전라감사를 거쳐 충청도 병마절도사까지 이르니, 능력도 없는 사람에게 높은 벼슬을 내린다고 하여 사헌부의 모든 간관들이 들고일어날 정도로 상소가 빗발쳤다. 그래도 성종은 이들의 말을 듣지 않고 한환의 벼슬을 더 높여 당상관인 한성부윤으로 불러올려 아예 곁에 두었다.

한성부윤이 된 후 한환의 권세는 하늘을 찔렀고, 되먹지 못한 행동과 추문도 끊이질 않았다. 한환은 서울로 돌아와 큰 집으로 이사하였는데, 마침 영원군鈴原君(세종의 둘째 아들인 계양군桂陽君의 아들) 바로 옆집이었다. 영원군의 부인은 세종의 막내딸인 정안옹주의 남편 청성위靑城尉 심안의沈安義의 누이였다. 한환이 옆집으로 이사 온 지 얼마 되지 않아 두 사람이 눈이 맞아 간통을 하였는데, 남편 영안군이 사람의 도리를 제대로 알지 못할 정도로 모자란 것을 안 한환은 시간이 날 때마다 심씨 집으로 가서 간통하기를 자기 집 안방 드나들 듯하였다. 심 부인 또한 한환 못지않게 문란하여 마음 놓고 바람을 피우고, 불도를 믿는다고 하면서 안방에 불상을 모셔 놓고 수시로 중을 불러 염불을 외우게 하다가 간통하였다. 심씨가 극인兙仁이란 정부를 숨겨 놓고 만난다는 소문이 파다할 정도였다.

아내와 장인을 때리다   외척이라는 이유로 임금의 엄청난 비호를 받은 한환은 한마디로 눈에 보이는 것이 없었다. 한번은 임금과 함께하는 궁중 연회장에서 옆에 앉은 기생 자운아紫雲兒와 더불어 희롱하다가 잠시 화장실에 다녀온 사이, 옆 자리에 앉아 있던 어유소魚有沼에게 술을 권하며 수작을 벌였다는 이유로 자운아를 구타하여 구설수에 올랐다. 또 한번은 어떤 사람의 집 자리가 명당이라는 말을 듣고 그 집을 사들이려고 했는데, 집 주인이 팔지 않으려고 하자 사람들이 많이 다니는 큰 길거리에 집주인을 잡아다 놓고 매질을 하여 많은 사람의 눈총을 받았다.

평소 행실이 이러했으니 집에서인들 멀쩡했을까. 한환의 되먹지 못한 행동은 집에서도 마찬가지였다. 기생첩과 작당해서

본부인의 옷을 찢어 버리고 장인인 조지산을 구타하는 일도 서
슴지 않았다. 한환이 장인을 구타했다는 소문은 널리 퍼져, 급
기야 사헌부에서 나와 동네 사람들을 조사하기에 이르렀다. 그
내막은 이러했다.

한환이 살고 있는 집을 새로 지으려고 식구들을 다른 곳으로
잠시 옮기면서 부인은 친정에 가 있도록 하고 자기는 기생첩인
일지홍一枝紅의 집에 가 있었다. 일지홍의 집에 있던 한환은 안
주인으로 들어앉고 싶다는 일지홍의 꾐에 넘어가 이 기회에 부
인을 내쫓아야겠다고 생각했다. 그래서 장인께 인사를 드리겠다
면서 조지산의 집에 가서, 가자마자 부인과 대판 싸움을 벌였
다. 폭력적인 남편의 행동을 당해 내지 못한 부인이 이웃집으로
도망치자, 한환은 그 집 마당까지 쫓아가서 부인의 옷을 찢어
버렸다. 그리고 다음 날 일지홍과 함께 다시 처가로 찾아가서는
장인에게 큰 소리로 욕을 하고 고래고래 소리를 지르며 난동을
부리고, 일지홍은 조지산이 앉아 있는 등 뒤로 가서 장지문을
발로 차서 부수어 버렸다. 계집종이 집 밖으로 달려 나가 이웃
사람들에게 도움을 청하며 "우리 주인이 한환에게 구타당하는데
어찌해서 도와주지 않습니까?"라고 울부짖었다. 이웃 사람들이
대문 앞에 가서 들어 보니 조지산이 소리 지르며 아파하는 소리
가 담장 밖에까지 들렸다.

일이 이 지경에 이르자 사헌부에서 일지홍을 잡아다가 문초
했는데, 이웃 사람들의 말과 일치하였다. 그동안 사위에게 맞지

271

음
란
淫
亂

않았다고 부인하던 조지산도 임금께 와서 고하였다.

"신의 사위 한환이 신의 집에 와서는 그 처의 머리털을 꺼두르고 옷을 벗겨 함부로 때렸는데, 그 상처 난 자국이 헤아릴 수 없을 정도로 많습니다. 사위는 그전에도 일찍이 아내를 구타하고 노리개와 재물 등을 많이 빼앗아 갔는데, 이는 오로지 그의 기생첩 종의 남편인 귀손이 농간을 부린 것입니다. 만약 같이 살게 한다면 한 여자가 죽는 것을 기약하지 못할 것이니, 아비와 자식 사이에도 차마 보지 못하겠습니다. 청컨대 이혼시켜 목숨을 보전하게 하소서."

체면상 사위에게 구타당한 사실만은 극구 부인했던 조치산도, 폭력적인 사위에게서 딸을 구해 내기 위해 결국은 이실직고한 것이다.

성종도 더 이상 한환을 두둔할 수만은 없게 되었다. 성종은 의금부로 하여금 조사하여 한환의 죄목에 대한 장계를 올리도록 했다. 의금부에서는 한환이 아내 조씨를 구타한 죄는 율律이 곤장 80대에 해당하고, 집안의 종인 길운吉云을 때려 죽게 한 죄는 장 60대에 유배 1년에 해당한다며 두 가지 죄가 함께 있을 때 무거운 쪽을 좇아 처벌하니 곤장 60대에 유배 1년의 벌을 내려야 한다고 고했다.

성종은 대신들과 의논하여 왕실의 외척이니 곤장을 치는 것은 면제하는 대신 직첩을 거두고 그리 멀지 않은 지방으로 유배를 보내도록 하며, 부인과는 이혼하도록 하였다. 이때가 성종

조선남녀상열지사

21년(1489) 11월이었다.

한환은 3년 후인 성종 24년(1492) 4월 15일 특별사면되어 유배에서 풀려났다. 유배에서 풀려난 후로 관직에 나가지 못하고 있는 사이 성종이 승하하고 연산군이 즉위하여 더 이상 벼슬을 할 수 없게 되자, 지방으로 다니면서 백성들의 집을 빼앗아 팔아먹는 횡포를 저지르고, 임금이 내려준 술을 거절했다가 국문을 당하기도 하는 등 파란만장한 삶을 살다가 연산군 5년(1499) 1월에 파렴치한 생을 마감했다.

연산군의 총애를 받은
한순

한환이 죽은 후에는 동생 한순이 연산조에 득세하며 형 못지않은 패륜을 저지른다. 한순은 그전부터 눈독을 들이고 있던 기생첩 일지홍을 찾아가 위로를 한답시고 간통을 하여 자식까지 낳았다. 일지홍은 그의 친형 한환이 기생첩으로 들였다가 본부인으로 앉히려고 했던 바로 그 여인이었다.

한환이 살아 있을 때는 그 위세에 눌려 별로 힘을 쓰지 못하던 한순은 연산조에 서서히 능력을 발휘하기 시작했다. 한순은 임금이 원하는 것을 잘 알아 대령하고 아첨을 잘하여 참군參軍, 군자감주부軍資監主簿, 판관判官 등의 직책을 거쳐 연산군 10년(1504)에 왕명을 출납하는 승지 자리에까지 올랐다.

한순이 연산군의 마음을 잘 헤아려 비위를 맞출 수 있었던 것

은, 한순의 둘째 누나인 구성군龜城君의 처 한씨 덕분이었다. 구
성군은 세종의 자식인 임영대군臨瀛大君의 아들로 이시애의 난
(세조 13년[1467] 함경도 길주의 토호土豪 이시애가, 북도北道의 수령을 남도 사
람으로 임명하는 것에 불만을 품고 일으킨 반란)을 평정하여 공신의 자리
에 올랐고, 연산군의 왕비인 신씨의 작은아버지였으므로 자유자
재로 왕실을 들락거릴 수 있었다. 그 덕택에 한순의 누이 역시
왕실의 정보를 손바닥 보듯 훤히 알아서 동생에게 시시콜콜 알
려 줄 수 있었다.

한순이 연산군에게 큰 신임을 받는 데는 장녹수張綠水의 역할
도 컸다. 천민 출신으로 연산군의 총애를 한 몸에 받았던 장녹
수는 예종의 둘째 아들이자 성종의 조카였던 제안대군齊安大君
집 노비의 아내였다가, 궁중으로 들어가 연산군을 치마폭에 감
싸 안고 좌지우지했다. 장녹수의 주인이었던 제안대군의 외숙부
가 바로 한순이었다.

왕실의 외척이자 연산군과 가까운 이들과 튼튼한 인맥을 확
보하고 있었던 덕분에, 한순은 특별한 정치적 능력 없이도 승지
벼슬까지 올라갈 수 있었다. 승지가 된 후 한순은 연산군의 사
치 향락을 뒷받침하며 많은 사람들을 죽이고 괴롭히는 일에 앞
장섰다.

한순은 왕을 즐겁게 하는 일에 솔선수범했다. 경회루 남문을
열고 호화로운 배를 만들고, 나례儺禮(민가와 궁중에서 음력 섣달 그믐
날 묵은해의 마귀와 사신을 쫓아내려고 베풀던 의식. 새해에 악귀를 쫓을 목적으

조선남녀상열지사

로 행하다가 차츰 중국 칙사의 영접, 왕의 행행行幸, 인산因山 때에도 행하였다.)

행사 때 쓰는 엄청난 규모의 산대山臺(비단 장막을 늘인 다락 무대)와 채붕綵棚(장식 무대) 만드는 일에 수천 명의 군사를 동원하여 추운 날씨에 밤을 세워 일하도록 다그쳤다. 창덕궁 북쪽에 있는 문소전 앞에서 경복궁 뒤까지 성을 헐고 큰길을 낼 때도 어찌나 혹독하게 군사를 부렸는지, 열흘 걸릴 일을 오후 3시쯤 시작하여 그날 밤 12시쯤에 모두 마쳐 모든 사람이 혀를 내둘렀다고 한다. 한순은 그 공로로 연산군에게 어제시御製詩까지 하사받았다.

> 영화는 초방, 벼슬은 은혜로 시작하여,
> 소임이 승지니 총애가 번성하다 하겠네.
> 순수한 뜻 돌려 도우려는 생각 싫어하지 마오,
> 그르치면 면하기 어려워 그땐 패망하리.

이처럼 연산군의 환심을 사는 데 주력했으니, 왕이 실정失政하여 민심을 잃는 데 끼친 공 또한 매우 크다 할 수 있겠다.

발 빠른 처세로 목숨은   연산군의 총애가 극진하니 한순 역
보전했으나…   시 형 한환과 마찬가지로 오만방자
하여 눈에 뵈는 것 없이 행동하였다. 성종 말년에 잘못을 저질렀다는 이유로 대궐에서 방출된 궁녀 귀비貴非와 간통한 후 첩

으로 데리고 살며 1남 1녀를 낳았다가 연산군이 즉위하자 다시 내쫓고, 사신으로 북경에 갈 때는 기생과 흥청興淸(연산군 10년에 나라에서 모아들인 기녀) 등을 여러 명 거느리고 가서 마음대로 즐겼다.

연산군 시대에는 양가의 처녀나 기생들 중에서 뽑은 여성들로 운평運平·계평繼平·채홍採紅·속홍續紅·부화赴和·흡려洽黎 등의 궁녀 조직을 꾸리고, 이 중에서 예쁘고 솜씨가 뛰어난 여인들을 '흥청악興淸樂'이라고 하였다. 흥청악에는 세 가지 부류가 있었다. 임금과 잠자리를 함께하지 못한 여인은 지과흥청地科興淸, 임금과 잠자리를 함께한 여인들은 천과흥청天科興淸이라 하고, 천과흥청 중에서 왕을 흡족하게 하지 못한 여인들은 따로 반천과半天科라 불렀다.

흥청은 임금이 행차하는 지방에도 있었는데, 한순은 북경에 사신으로 갈 때 평양에 있는 흥청 유초앵柳梢鸚과 간통한 다음 데리고 다녔으며, 북쪽으로 가서는 정주에서 양비楊妃라는 흥청과 간통하였다. 왕의 여인과 간통하는 것은 불충 중의 불충이었다. 그런데도 한순은 사신으로 갔다가 돌아오는 길에 귀비와 유초앵을 모두 데리고 한양으로 돌아와 첩으로 삼아서 데리고 살았다. 한순의 이러한 행위는 연산군 재위 시절에는 아무런 문제가 되지 않았다.

연산군의 폭정이 계속되자 연산군 12년(1506) 박원종朴元宗과 성희안成希顔 등이 주동이 되어 중종반정을 일으켰다. 눈치 빠른 한순은 연산군이 폐위될 줄 미리 알고 반정 무리에 합류하여 정보를 제공하는 등의 일을 하여 중종이 즉위한 후 원종공신原從功臣 3등에 올라 서원군西原君으로 봉해졌다.

한순은 발 빠른 처신으로 반정의 소용돌이 속에서도 목숨을 부지하였지만, 이미 연산군 때부터 지각 있는 사대부들은 그와 같은 반열에 있는 것을 부끄러워할 정도로 한순을 사람 취급하지 않았으니 대간들이 가만히 있을 리 없었다. 중종 즉위 때 공신 책정부터 문제 삼았던 조정의 끈질긴 공론으로 6년을 버티던 중종도 더 이상 견디지 못하고 박원종의 말을 들어 한순을 감옥에 가둔 후 문초하여 관직을 빼앗고 먼 지방으로 유배를 보냈다. 중종 6년 10월의 일이다.

왕실의 외척이면서도 검소함과 청렴함으로 생활하면서 조야에 명망이 높았던 아버지 한백륜과 달리, 두 아들은 패륜과 불충으로 나라에 엄청난 폐해를 끼쳤다. 성종과 연산조에 이르기까지 왕의 비호를 배경 삼아 차마 사람으로서는 할 수 없는 망극한 짓을 거침없이 하였던 한환과 한순 형제의 행동은, 당대 사람들도 부끄럽게 여길 정도였다.

맹자는 사람의 본성에서 우러나는 네 가지 마음씨를 인仁에서 우러나는 측은히 여기는 마음인 측은지심惻隱之心, 의義에서 우러나는 부끄러워하는 마음인 수오지심羞惡之心, 예禮에서 우러나는 사양하는 마음인 사양지심辭讓之心, 지智에서 우러나 옳고 그름을 분간하는 마음인 시비지심是非之心으로 구분했으나, 한환·

한순 형제에게는 이러한 인간의 본성을 찾아보기 어려우니 그
들을 어찌 사람이라 부르겠는가.

조선의 윤리강상 위협한 15가지 간통 사건

조선남녀상열지사

2008년 11월 10일 초판 2쇄 발행

지은이 손종흠
펴낸이 노경인

종이 화인페이퍼
인쇄 백왕인쇄
공급 및 반품 문화유통북스
펴낸곳 도서출판 앨피
주소 : 우)121-842 서울시 마포구 서교동 478-22 벨메송 302호
　　　전화 335-0525, 팩스 0505-115-0525
　　　전자우편 nomio22@hanmail.net
　　　등록 2004년 11월 23일 제313-2004-272

ⓒ 손종흠

ISBN 978-89-92151-20-7